うまくいっている会社の非常識な儲け方

マーケティングコンサルタント
コピーライター
おじま優來

すばる舎

原価1万円の商品を1万円で売るとしたら、どうやって利益を出せばいいでしょうか？

答えは本編で

はじめに

ようこそ。非常識なマーケティングの世界へ。

本書は、マーケティングが好きな人や、会社の売上をどうやってアップさせられるのだろうか？と悩んでいる人たちに向けた、儲かる事例を紹介し解説した本です。

できるだけ多くの事例を解説することにこだわりました。

しかも、楽しく学んでもらえるように、儲けのカラクリがよくわからない事例を集めています。

なぜ、事例にこだわるのか？

それは、事例を学ぶことで、マーケティング初心者でも簡単に儲かるアイデアを生み出せるようになるからです。

私は現在、マーケティングの専門家として中小企業や一人起業家向けに集客法を教えています。

クライアントはマーケティング初心者の方がほとんどなのですが、「ベネフィット」「3C分析」「4P」「USP」など、専門用語がたくさん出てくるような基礎セミナーよりも、成功事例とその儲けの仕組みを解説したほうが彼らには圧倒的に好評でした。うまくいっている会社の事例を解説すると、その事例を真似るだけでいいので、自社に取り入れやすくなるからです。

そのことに気付いてからは、クライアントにはできるだけ多くの成功事例を紹介し、儲けの仕組みを解説することにしました。

案の定、それらのアイデアを採用した企業は売上をアップさせていったのです。

本書には、より実践しやすいように事例をできるだけ掲載し、それらをどうやって自社に落とし込むのか？という考え方が書かれています。

実際、私がコンサルティングをさせていただいている会社様には、「事例を交えて話してもらえるのでわかりやすい」と言われることが多いです。

また会社員の方が、私のセミナーで聞いた成功事例を自社の会議で話したら、マーケティング部に配属され、社内評価がアップしたという話も聞きました。

マーケティングを専門でやっていくのであれば、専門用語や販促の本質を学ぶ必要があります。しかし、自社の売上アップや社内評価をアップさせるために学ぶのであれば、より多くの成功事例を知ることが近道であり、一番簡単です。

本書で事例をたくさん詰め込んだ狙いは、そこにあります。

もし1つでもこのアイデアは良いなと思ったら、自社でも取り入れられないか？と考えてみてください。

画期的なアイデアというものは、競合他社ではなく、異業種・別業界の企業の戦略から生まれることも多いものです。

アイデアの発想法やマーケティングの基本・用語解説などは他の本に任せて、本書では、あなたにうまくいっている会社の成功事例を真似て、儲けのイノベーションを起こすきっかけを見つけて欲しいと願っています。

目次

第1章 非常識な儲け方とは？

第2章 商品を使ってリストを獲得する方法

第3章 売れ筋商品は集客のための仕掛けである

第4章 本業だけで儲けないで、それ以外でも稼ぐ方法

第5章 他人の力を借りて儲ける

第6章 常連には訳あり品を売れ

第1章

非常識な儲け方とは?

非常識な儲け方とは、どこで儲けているかわからない上手なビジネスモデル

——利益が出ない商品でどうやって儲ける？

いよいよこれから、「非常識な儲け方」を学んでいただき、それを実践できるまでに理解していただこうと思います。

初めに、「非常識な儲け方」の定義をお伝えする必要があるでしょう。

「非常識な儲け方」とはどういうものなのか？

本書では、「非常識な儲け方」をこう定義させていただきました。

非常識な儲け方＝どこで儲けを出しているのかわからない上手なビジネスモデル。

例えば、仕入れ値が1万円の商品を2万円で販売すれば、儲けは1万円です。
100個販売すれば、100万円の利益ということになります。
この販売方法が普通の販売方法。

では、仕入れ値1万円のまったく同じ商品を1万円で売るとしたらどうでしょう？
儲けは0円です。
これを100個販売しても、1000個販売しても、利益は0円です。

多くの人は先に挙げた、普通の販売方法で商売すると思います。
それはそうですよね。利益が出ないものを売ってもビジネスになりませんから。
しかし、「非常識な儲け方」はもちろん後者にあります。
利益の出ない商品を販売して、どのようにして利益を出すのでしょうか？

その方法は、実はさまざまな企業が実際に使っている方法なのですが、詳しくは2

章以降で解説していきますので、楽しみにしていてください。

――2つの原理原則だけ知っていればOK

そして、この1章では2章以降をより深く理解できるように、2つの原理原則の話をしていきます。

具体的には、**「お客様の購買心理」**と**「お客様の3ステージ」**です。

この2つを知りながら事例を読んでいくのと、知らずに読んでいくのでは結果に雲泥の差が生まれます。

なぜなら、どうしてそんな非常識な儲け方をしようと思ったのか？　という企業側の考え方が理解できるようになるからです。

「非常識な儲け方」は、決してたまたまうまくいった方法ではありません。

しっかりとしたマーケティング戦略を駆使して、予想どおりの結果を手にした方法なのです。

あなたがこの「非常識な儲け方」を理解したとき、安定した集客や安定した売上というものが、どのようにしてつくられているのか腹落ちすることになるでしょう。

モノが溢れている現代においては、残念ながら、つくっているモノが本物素材だからとか、安心素材で美味しいからとか、良い商品だから売れるということはありません。

どのようにしてその商品に興味を持ってもらい、購入してもらうのか？

そうしたマーケティング戦略が必要不可欠です。

ぜひ本書で紹介するビジネスモデルを参考にして、あなたのビジネスを拡大させるヒントにしてください。

お客様の購買心理を理解し利用する

――肝になるのは「悩み」と「欲求」

最初に、お客様の購買心理についてお話ししていきます。

なぜならこの購買心理を理解していないと、せっかく非常識な儲け方を学んでも、それらをうまく活用できない恐れがあるからです。

お客様は、なぜ商品を買うのか？

その原理原則をここではお伝えしていきます。

まず理解していただきたいのは、**人間の購買意欲は2つの心理によってのみ動くと**

いうこと。

それは、**「悩みを解決したい心理」**と**「欲求を満たしたい心理」**です。

人がモノやサービスを買うときには、

・何かの悩みを解消させたい気持ち

・何かの欲求を満たしたい気持ち

必ずこのどちらかによって購入しています。

あなたが最近買ったモノやサービスを想像してみてください。必ず、この2つの心理のどちらかが理由で購入しているはずです。

わかりやすくするため、定期的に買うような日用品ではなく、一度買ったら1年以上は買わないような商品を想像してみてください。つまり、買う前に調べて買うようなモノやサービスです。

私の場合で言えば、つい最近お掃除ロボを購入したのですが、なぜ購入したかというと、掃除したばかりの部屋から綿ぼこりが発生したからです。綿ぼこりを見ると気分が下がるので、毎日掃除しようかとも考えたのですが、仕事が忙しく毎日はできそうにありません。

そこで思いついたのが、お掃除ロボ。

すぐに購入し、大活躍してくれています。

このお掃除ロボを購入したときの心理としては、「毎日掃除したいけれど、なかなかできない」という悩みを解消するために私は買ったわけです。

「何かの悩みを解消させたい気持ち」による購入です。

一方で、お掃除ロボは「毎日掃除したい人」だけがターゲットではないはずです。例えば「掃除機は腰が痛くなるので、中腰にならないですむ掃除機はないか？」という悩み解消のために買う人もいるでしょう。「家を空けているときに掃除してくれるなんて素晴らしい！」と、タイパ（時間効率）改善の欲求を満たすために購入する人もいるでしょう。

このように、**人がモノやサービスを購入するときには、必ず何かの「悩み解消」か、「欲求を満たす」ために購入し、思い描いた未来を手に入れたい**のです。

――面白いように売れるようになる

これはマーケティングの本などでよく使われる例なのですが、とてもわかりやすいので私も使わせていただきます。

「ドリルを購入する人は、ドリルが欲しいのではなく穴が欲しい」

あなたが職人で無類のツール好きだとしたら、「マキタ製の新型ドリルをついに手に入れたぞ！　やった！」とドリル自体を欲しがるかもしれませんが、ここではその感情は少し抑えてください（笑）。

一般人なら、ドリルを購入する理由は棚をつくるために穴を開けたり、その穴に固定のためにネジを入れたりするためです。

つまりドリルで穴を開けた先には、完成した棚だったり、地震対策で家具を固定したりと、想像している未来があるわけです。

人はこうした理想の未来を手に入れるために、モノやサービスを買っています。

この理想の未来のことを、マーケティング用語で**「ベネフィット」**と言います。

ベネフィットとは、「お客様が手に入れたい本当の未来のこと」。

とても重要なポイントなので、ぜひ覚えておいてください。

このベネフィットを理解できるようになると、**面白いようにモノやサービスが売れるようになります。**

売れるセールスパーソンは、このベネフィットの使い方が上手です。セールス中に、お客様に未来を見せるように語りかけるのです。

車載用のオーディオを販売していたあるトップセールスパーソンが、こんなふうにして売っているのを見たことがあります。

「このオーディオを搭載すると、運転中に隣で浜崎あゆみが生で歌ってくれているかのように聞こえますよ」

男性客は、「おぉ、いいですねぇ」と顔をニヤニヤさせながら、50万円のオーディオシステムを買って行きました（笑）。

そのオーディオのスペックが高いこととか、スピーカーのつくりだとか、そういう機能面が決め手になるのではありません。

未来を想像してもらうことで感情を動かし、購入を決断してもらうのです。

……なんとなく、わかりましたか？

本書はマーケティングの専門用語を解説するものではないので、これ以上ベネフィットの奥深い世界には踏み込みませんが、興味があれば、ベネフィットを解説してくれる本でより深く学んでみてください。

――どんな未来が手に入るかを伝える

ということで、ここで私があなたにお伝えしたかったのは、

「人はモノやサービス自体を購入しているではなく、理想の未来を買っている」

ということです。

ですから、広告文をつくったりセールスしたりするときには、商品のスペックだったり特長だったりを語るよりも、**この商品を使うと、こんな未来が手に入りますよ！**と伝えてみることをお勧めします。

これができるようになると、上手に売れるようになります。

お客様は「見込み客」「新規客」「リピート客」の3種類

――それぞれのお客様を集めて増やせ！

それでは次に、お客様についての3つの分類をお話しします。

これも「非常識な儲け方」を理解するためにはとても重要なお話になりますので、ぜひ理解しておいてください。

お客様には、大きく分けると3つのステージがあります。

1つめは、**「見込み客」**のステージ。

あなたの会社の商品に興味は持っているが、まだ何も購入していない人たちのことです。

2つめは、**「新規客」**です。
あなたの会社の商品を初めて購入した人たちです。

3つめは、**「リピート客」**です。
あなたの会社の商品を2回以上購入した人たちです。

実はビジネスはとてもシンプルで、この3種類のお客様をそれぞれ集めて、増やしていくことにほかなりません。

・どうすれば、自社商品に興味を持ってもらえるのか？
・どうすれば、1回めの購入をしてもらえるのか？
・どうすれば、2回以上の購入をしてもらえるのか？

たったこれだけのことを考えて、行動すればいいのです。

この3つの質問にはたくさんの答えがあり、その方法やアイデアこそがビジネスモデルになったり、マーケティングの手法になったりします。

本書の後半でも、この3つの質問への解答例をたくさん紹介していきます。

――それぞれのお客様を深く知る

この3つのお客様、それぞれの特徴についてもお話ししていきましょう。

見込み客

まずは、見込み客。

ビジネスにおいては、この見込み客の創造がもっとも大切だと言われています。

つまり、あなたの会社の商品に興味を持っている人たちを増やすことです。

大手企業が莫大な広告費を使って宣伝しているのは、この見込み客を増やす活動をしているのにほかなりません。

テレビCMや新聞広告、ネット広告や折り込みチラシなど、あらゆる手段を使って自社商品の優れたところをアピールしたり、いかに信用できる企業であるかといったブランディングを行ったり、お客様に「この商品なら欲しいな」「このメーカーなら買っても安心だな」と潜在的に思ってもらうための活動をしているのです。

新規客

次は新規客です。

おそらく多くの企業は、この新規客を獲得するために営業活動をしているのではないでしょうか。

とにかく新規客を増やすことが、ビジネスを安定させることになると……。

もちろん、新規客が右肩上がりに増えていったら、ビジネスは安定するかもしれません。

しかし新規客の獲得は、ビジネスでもっとも難しいステップだとも言われており、そう簡単には新規客を増やすことはできません。

新規客を増やすには、一般に「お金をかけて広告を打つ」という戦略をとることになります。

新規客は獲得するのが一番難しく、お金がかかる特徴がある、ということをひとまず覚えておいてください。

リピート客

最後に、リピート客です。

リピート客は2回以上購入してくれた方なので、あなたの会社を信用してくれている大切な顧客です。

リピート客は新しい商品やサービス、特別割引などの案内を求めています。

これは、**一番売りやすい顧客**ということでもあります。

そのため急いで売上を立てたいときや、現金が欲しいときには、リピート客に販売するといいでしょう。

また高額商品も買ってもらえる可能性が一番高いので、最上位プランをリピート客のみに販売するといった手法も使えます。

リピート客はあなたの会社のファンです。

徹底的に特別扱いをして、コミュニケーションをとりましょう。

――集めたお客様をリスト化せよ!

ざっと説明しましたが、ここで大切なのは、**この3種類のお客様を分けて考えること**です。

見込み客、新規客、リピート客をそれぞれ増やすのです。

そして、それぞれのお客様の数を把握するのに必要なものが、リストです。
つまり、連絡先です。

リスト＝連絡先

そして、それぞれのリストに含まれているお客様データの数が**「リスト数」**です。

・まだ商品を買っていないお客様の「見込み客リスト」
・1回以上買ったお客様の「顧客リスト」
・2回以上買ったお客様の「ＶＩＰ顧客リスト」

たとえばこのように分けて、３つのリスト数をそれぞれ増やしていくことが、ビジネスの安定に繋がります。

ビジネスとは、商品やサービスを使ってリストを集めること

――どうしたらリストを増やせるか考える

ある世界的マーケターは、こんなことを言っています。

「ビジネスとは、商品やサービスを使ってリストを集めることである」

つまり、ビジネスでは商品を販売することよりも、リストを集めることのほうが重要であると言っているのです。

いくら素晴らしい商品を持っていても、いくら素晴らしいセールススキルを持って

いても、その商品に興味を持ってくれる人たちがいなければ売上は立ちません。
興味のない人が商品を買うわけがありませんから。
ですから、ここで考えをシフトしてみてください。
あなたの扱っている商品やサービスを使って、どのようにリストを集めますか？
実はこの考え方こそが、本書で一番お伝えしたいことなのです。

――目先の売上や利益よりリストのほうが大事

ピーター・ドラッカーはこんなことを言っています。

「企業の第一の目的は、顧客の創造である」

つまり、商品を売ることが企業の目的ではなく、その商品やサービスを使ってマーケット（市場）をつくり出せと言っているのです。

あなたの会社は、どのくらいのマーケットをつくり出しているでしょうか？

その指標になるのが、あなたの会社が持っているリスト数です。

あなたの会社は、どれだけのリスト数を有していますか？

事例

当たり前の顧客管理　by カー用品店チェーン

私は会社員時代、ある大手カー用品店に勤めていました。

カーナビやタイヤ取り付け、オイル交換などの作業をする場合は作業伝票を作成し、「お名前」「住所」「電話番号」などを記入してもらい、まさに顧客リストを作成して管理していました。

また、クレジットカード機能付きの会員カードも発行していたので、その会員のリスト管理もできていました。

見込み客の創造については、ラジオCMや折り込みチラシ、看板などで自社の存在をアピールし、おおよそ半径10キロメートルの商圏内での見込み客の掘り起こしをしていました。

定期的に安売りセールをして、折り込みチラシ等で告知して店舗に来店していただき、作業依頼をしていただくか、もしくはカードの会員になってもらうことでリスト数を増やしていくのです。

上場企業でしたので、そういった顧客管理は普通にできていました。

ある程度規模の大きな会社は、どこも何気なく営業しているようで、実はマーケットを創造するための理に適った戦略を当たり前に実践しているのです。

会社勤めをしていた頃の私は、目先の売上金額や粗利額などに目がいき、毎月何人の会員が増えているのか？　見込み客はどのくらい増えているのか？　といったところには目がいきませんでした。

まだまだ勉強不足だったわけです。

もし、みなさんが当時の私と同じように顧客リストよりも売上に目がいっているようでしたら、ぜひ3種類のお客様がいることを理解し、どうすればそれぞれのリストを増やしていくことができるのか？　と考える意識を持ってください。

なぜなら、繰り返しますが**リストが増えれば、安定して売上をアップさせられる**からです。

事業の継続にはとにかく「見込み客」を増やすこと！

──見込み客は自社商品で買う!?

あなたの会社が今どんな状況なのかで、とるべきマーケティングの戦略も変わってきます。

もし、あなたの会社が1年めや2年めの立ち上げ間もない企業だった場合には、まだ世の中に会社や商品が認知されていないので、とにかく見込み客を増やさなければなりません。

まずはお客様に興味を持ってもらわなければ、商品を購入してもらうことはできないからです。

つまり、創業1年めや2年めの会社がやるべきことは、あなたの会社の商品に興味を持ってくれている見込み客を増やす活動です。

もちろん、創業後長い時間が経っている会社でも、見込み客集めを疎《おろそ》かにすることはできません。

なぜなら見込み客は、新規客をつくるために必要不可欠なお客様でもあるからです。

ここで参考になるのが、ソフトバンク会長の孫正義さんがかつて実践した戦略です。

事例

Yahoo! BBモデムの大量無料配布　by 孫さん

孫さんは以前、高速インターネットのブロードバンドを日本に普及させるために、Yahoo! BBというモデムを大規模に無料配布していたことがあります。

電気店に限らず、デパートや駅前など至るところで無料配布をしていたので、現在

30歳以上の方であれば「そういえば一時期、Yahoo! BBのロゴが書かれた赤い紙袋をとにかく配りまくっていたなー」とおぼろげな記憶があるのではないでしょうか。

当時はあの赤い紙袋が、まさにYahoo! BBの広告塔の役割を担っていました。

ちなみに当時、ソフトバンクという会社の名前はまだ認知されておらず、孫さんは米国発の検索サービスとしてすでに認知度が高かったYahoo!の名前をあえて前面に出し、日本のブロードバンドのマーケットを獲りにいったそうです。

そして現在、もうソフトバンクのことを知らない人はいませんよね。

このとき孫さんは、自社の商品を最大限有効に使って、大量の「見込み客リスト」を手に入れました。

そして一定期間、無料でブロードバンドの快適なインターネットサービスを体験したユーザーは、その多くが満足し、無料期間が終わったあともYahoo! BBを使い続け、通信料を支払うことになりました。

これにより、見込み客リストだけでなく大量の「新規客リスト」も手に入れることに成功したのです。

大量のモデムを無料で配ったせいで、その後、大変な事態が起こり、孫さんは大ピンチに陥るのですが、それはまた別の話。

興味のある方は、孫さんに関するさまざま書籍が出ていますから、それらを読んでみてください。

この孫さんの事例で大切なポイントは、闇雲《やみくも》に無料商品を配ったわけではないというところです。

あなたがもし、何も考えずに商品を無料で配ってしまったのなら、ただ大赤字を叩き出して終わるだけです。

孫さんの場合は、あとから月額で継続的に通信料を支払ってもらえる強固なビジネスモデルを事前に描いていたので、初年度は赤字でもマーケットさえ獲得できれば、数年後には黒字に転換するという確固たる裏付けがあったのです。

――損失を儲けに変える方策を準備しておく

もし、みなさんが孫さんの真似をして見込み客リストを増やそうとするのであれば、商品やサービスを無料で利用したあとのお客様から、どうすれば利益をいただけるのか、その部分の仕組みを事前にしっかりつくり込む必要があります。

この仕組みをつくることができたなら、あなたも「非常識な儲け方」の達人です。自社のビジネスを安定させるマーケターとして大成するでしょう。

この自社の商品を使って見込み客を集める方法は、2章で別の事例もいくつかお伝えします。ぜひ、参考にしてください。

初回購入時のハードルを思いきり下げて「新規客」を獲得

――新規客獲得には広告が必要だけど……

みなさんの会社が、すでに5年以上ビジネスを継続しているのであれば、おそらくは見込み客を安定して生み出し、そこから新規客になってもらう基本的なビジネスモデルはもう確立しているでしょう（そうでなければ、そもそも存続できていないはずです）。

この段階の会社では、広告費を使ってより効率的に、より多くの見込み客を集め、より高い確率で新規客になってもらう仕組みをつくることが大切です。

ところが、広告というものは当たらなければ無駄な経費になってしまい、とてもリスクの高いものです。

資金力のある大手企業でもない限り、広告費は1回失敗しただけでビジネスへの大ダメージが生じます。

そのため、**広告を打つときには失敗しないことが重要**になります。

――損して得とれ！

そこで、広告を打つときにやっていただきたいことがあります。

掲載商品の価格を思いっきり安くすることです。

広告に掲載した商品で利益を出そうとするから、広告は当たりません。

そうではなく、新規客リストを増やすために薄利で価格設定してみてください。

掲載商品の価格を下げても反応がないようであれば、それは商品の魅力が伝わっていないからなので、広告の内容や媒体選びが悪いということになります。

商品を値下げせずに、定価で広告を出して失敗すると、商品の魅力が伝わっていないのか、値段が高いから購入してもらえないのか、失敗の理由がわからないので改善ができません。

そうなると次の広告が失敗する確率も上がりますし、余計な経費を増やすことにもなります。

繰り返しますが、広告に掲載する商品は、お客様がひと目見て「これは買わなければ損だ！」くらいに思ってもらえる値段にしてみましょう。

広告を出す以上、リストが手に入らなければ意味がありません。

販促費だと思って、掲載商品の価格を劇的に安くして集客してみてください。

この方法については3章でも具体的な例を紹介していきますので、そちらも合わせて参考にしてください。

「リピート客」は売上が下がる時期に特別扱いする

——特別扱いで財布の紐がゆるくなる

パレートの法則はご存知でしょうか？

これは「全体の数値の8割は、全体を構成するうちの2割の要素が生み出している」という法則のこと。

これを売上に当てはめると、**「2割の顧客が8割の売上をもたらしている」**ということになります。

この2割の顧客こそ、リピート客です。

あなたの会社の商品やサービスを信用し、2回以上購入してくださっているのですから、ぜひこのリピート客が喜ぶことをしてあげてください。

・お得意様限定セール
・リピート購入でポイント5倍
・新商品先行販売　……などなど

あなたの会社の商品を喜んで買ってくれるような特別サービスを提供することで、リピート客は何度でも購入してくれます。

まさに、ＶＩＰ客として扱ってください。

――いつでも特別では、ありがたみが薄れてしまう

この**リピート客は、常に特別扱いする必要はありません。**
こちらの都合の良いときにだけ特別サービスを提供しましょう。

例えば、

・毎年、売上の悪い月
・暇な時期

こんなときは、リピート客に安売りをしてもいいタイミングです。

事例

閑散期の会員限定割引クーポン by カー用品店

以前私が勤めていたカー用品店では、10月、1月、2月が、あまり商品が売れない閑散期でした。

そのため、これらの月にはカード会員様向けに、割引クーポンをダイレクトメールで送っていました。

どうせあまり売上を期待できない時期ですから、リピート客を特別扱いするサービスを用意し、利用してもらっていたのです。

お客様の側も特別扱いに喜び、会社側も売上が立つので、ウィン・ウィンの関係をつくりやすいと判断していたのでしょう。

また、**「今すぐに現金が欲しいとき」にもリピート客を頼りましょう。**

会社の資金繰りが厳しくなった場合は、とにかく即・現金が必要なので、リピート客に現金特価で販売することが有効です。

これも私が以前、実際に使った手法です。

事例

現金前払いの特価キャンペーン by コピーライティング会社

あるとき、私が経営するコピーライティングのビジネスで思ったような売上が立たず、このままだと資金繰りがショートしてしまう、という苦しい状況に陥ったことがありました。

当時、倒産を避けるためにとにかく現金が欲しかったので、私はすぐに代金を入金してもらえるような仕組みを考えました。

それは、過去に私の会社にコピーライティングの依頼をしてくださったことがある企業様に、「今なら、前入金でライティング代半額です！」と題したキャンペーンのお知らせを送ってみる、というものでした。

実際に藁《わら》をもつかむ気持ちで告知を出すと、そのうちの2社からご連絡がありました。さらにそのうちの1社は、なんと3本もまとめて購入してくださり、一気に私の会社の銀行口座が潤ったのです。

受注後には徹夜で作業をすることになり大変だったのですが、資金がショートして倒産することに比べたら、そんな苦労は屁でもありませんでした(笑)。

このように、リピート客はこちらの都合で売上を立てることができる、とても大切なお客様です。

こうしたリピート客へのマーケティング戦略については6章で詳しく紹介していますので、そちらも参考にしてください。

総括

この章のまとめ

◉「非常識な儲け方」とは、どこで利益を出しているのかすぐにはわからない上手なビジネスモデルのこと。

◉お客様が商品を買うのは、「悩みを解消したい」ときか、「欲求を満たしたい」ときの2つだけ。

◉お客様は、見込み客、新規客、リピート客の3つのステージ別に捉えることが大切。

◉それぞれのお客様をリスト化しつつ、リスト数を増やしていこう。極論すれば、ビジネスはそれだけでうまくいく。

◉見込み客の集客には、たとえば無料商品が効果大。

◉新規客の獲得には広告が必要になる場合が多い。大安売りして目玉商品をつくろう！

◉リピート客は日頃から特別扱いして、困ったときに買ってもらう。

第2章

商品を使ってリストを獲得する方法

高枝切りバサミは、なぜ長年テレビショッピングで売られ続けたのか？

――顧客のリストさえあれば何度でも復活できる!?

マーケティングを学ぶと、必ず出てくるくらいに有名な2つの逸話があります。

「火事と喧嘩は江戸の華」と言われていた江戸時代。

当時の呉服屋は火事になったとき、何よりも先に顧客台帳を地中などの安全な場所に避難させて、それから逃げたのだそうです。

顧客台帳、つまりリストです。

たとえ商品の反物は燃えてなくなっても、顧客台帳だけあれば、それで商売がやり直せたからです。

また、鉄鋼王と呼ばれたアンドリュー・カーネギーも
「私の財産をすべて持っていっても構わない。ただし、顧客リストだけは持っていかないでくれ。そうすれば、私は今の財産をまたすぐに築いてみせる」
という趣旨の言葉を残したとされます。

この2つの逸話から、**一度獲得したリストは、そこに記載されたお客様に何度も何度も働きかけ、商品を販売することを可能にするため、企業が安定した売上をつくる基盤となる**ことがわかります。

1章でも、リストの重要性についてはお話をさせていただきました。
ビジネスをする以上、最大の資産は顧客、お客様です。

そのため、顧客数を増やしていくことが大切なのです。

お客様が増える=リストが増える、です。

——超ベストセラー商品の意外な使われ方

では、マーケティングが上手な企業は、どうやってリストを獲得しているのか？

その具体的な方法について、事例を1つ紹介します。

事例

高枝切りバサミ　by　某テレビ通販会社——

高枝切りバサミという商品をご存知でしょうか？

手が届かない高さにある庭木などの枝を、脚立に登らなくても安全に切れる、という商品です。


この高枝切りバサミは、長年テレビ通販で販売されていました。私が知る限りでも10年以上は販売され続けたベストセラー商品です。

一定年齢以上の方なら、知らない方はいないくらいだと思います（ちなみに今でも、ネット通販やホームセンターなどで販売されています)。

もし私がマーケティングに関わっていなければ、「よく売れた商品なんだな〜」「便利な商品なんだろうなぁ」といった感想しか抱かなかったでしょう。

しかし、とある方から初めて高枝切りバサミに関するマーケティングの戦略を聞いたときに、何かで頭を殴られたような衝撃が襲ってきました。

実はこの高枝切りバサミ、販売してもそれほど利益はないというのです。

もしかしたら、テレビ通販では赤字で売っていた可能性すらあると……。

みなさんなら、どう思いますか?

1万円のものを販売して、例えば10円の利益しか出ないとしたら、あるいは逆に赤字になるとしたら、その商品を販売し続けますか?

おそらく、そんなことはしないでしょう。

もっと利益率の高い商品に切り替えて販売する、という方が多いのではないでしょうか？

それなのに、利益がほとんど出ない高枝切りバサミを、テレビ通販で10年以上も販売し続けたということは、そこに何か「非常識な儲け方」が存在したということです。ちょっと考えてみてください。儲からない高枝切りバサミを、なぜ売り続けたのか？

少しずつ答えを明かしながら、説明しますね。


まず、高枝切りバサミはどんな人が購入するのでしょうか？

庭にある高い木の手入れをする商品ですから、家の周りにそうした大きな木があるお客様でしょう。

そして、そんな大きな木が庭にある家は、一戸建ての家がほとんどでしょう。


つまり高枝切りバサミを購入するお客様は、一戸建ての家が持てるくらいには「お金を持っている人」というプロファイリングができます。

そして高枝切りバサミを購入したお客様には当然商品を送付しますから、名前や住所、電話番号といった連絡先が手に入ります。つまり、リストです。

ここからがポイントです。

後日、それらのお客様宛てに、例えば宝石などの富裕層向け商品の販売カタログを送るそうです。

すると何軒かに1軒は、その宝石を買ってくれるお客様が現れてくる、ということです。

そこで初めて、利益が出ると。

きっと、宝石の利益率はものすごく高いのでしょうね！

加えて、一戸建てに住んでいる方はあまり引っ越しをしません。あとは定期的にさまざまな商品のカタログを送って、他の高利益の商品も販売していく、という戦略なのだそうです。

それだけではあまり利益が出ない商品である高枝切りバサミは、富裕層の新規客リストを集めるための商品だったのです！


あくまで伝聞情報ですから、絶対にこのとおりだと断言することはできません。

ただ、マーケターの間ではそれなりに知られた話でもあるので、少なくとも一部は真実を含んだ話だと思います。

実によく考えられたビジネスモデルだと感じます。

ターゲット顧客をピンポイントで獲得する逆算思考

――商品から考えるのではなく、お客様の心理から考えよう

「高枝切りバサミマーケティング」の特に優れているところは、欲しいターゲットの顧客リストを、ピンポイントで獲得しているところです。

みなさんの会社でも、この高枝切りバサミマーケティングを参考にして、あなたの会社にとっての高枝切りバサミとなる商品を探してみてください。

欲しい顧客を獲得することこそ、ビジネスを安定させる最大の鍵です。

例えばサプリなどの健康食品を扱っている企業だったら、「健康に気を付けている人」というお客様が欲しいわけです。

例えば化粧品を扱っている企業だったら、「美意識の高い人」という顧客が欲しいわけです。

ターゲットの顧客を集めるのに、どんな商品を販売すればいいのか?

こうした「逆算思考」が大切になってきます。

特に商品力に自信のある企業がやりがちなのが、「この商品は、どんなターゲットに売れるだろう?」という考え方です。

先につくりたい商品をつくってから、その商品に合わせた顧客に販売しようとしてしまいます。

そうではなく、自社が欲しいターゲット顧客が、「欲しい」と考える商品は何だろう?と考えてから、それに合わせて商品をつくりましょう。

――リスト獲得を先に考えたほうが売れるし、売りやすい

まだ一度も商品を買っていない人に、いきなり商品を販売しようとすることは、ビッジネスではもっとも難易度が高いとされる行為です。

そのため、まずはターゲットが欲しいと思うような商品を無料で配ったり、手軽に買えるような低価格で販売したりして、先にリストを獲得します。

そして後日、そのリストに働きかけて本当に販売したい商品を売れば、買ってくれる確率が上がります。

また、人は初めてのお店を利用したり、初めての商品を買ったりするときは、疑いの気持ちでお店や商品を見定めています。

しかし一度購入して、その商品やお店のサービスが良いものだとわかると、その疑念は晴れているので比較的あっさりと次の提案を受け入れてくれます。

あなたも「利益率の高いこの商品を売るには、どうすればいいだろう?」と考えて

いませんか？

利益商品の前に、ターゲットが手にとりやすい商品やサービスを置いて、まずはそちらを一度買ってもらいましょう。

結局は、それが本命の商品を買ってもらうための一番の近道なのです。

高枝切りバサミマーケティングを自社に当てはめる

――参考にした事例を2つ

本書の狙いは、みなさんの会社でも優れたマーケティング手法を取り入れていただき、少しでも売上をアップしてもらうことです。

ここまで、マーケティングの考え方や原理原則などもお伝えしてきましたが、説明が多くなるとわかりづらくなるので、ここからは事例ベースで解説していきます。

まずは私のクライアントで、実際にこの高枝切りバサミマーケティングを参考にして、もっとストレートに言えば「パクって」（笑）、リストの獲得に成功した事例をいくつかご紹介しましょう。

事例

ワインの試飲会で新規客リストを獲得 by ワインの卸販売会社——

ワインの卸販売をしている女性社長の例です。

彼女はこの事業を始めたばかりで、顧客リストがほとんどありませんでした。

そして、この高枝切りバサミマーケティングの話を聞いて、どうすればワイン好きの人たちのリストを獲得できるのかと考えました。

思い付いたのが、「ワインの試飲会」のイベントを開催すること。

いきなりお客様にワインを販売しようとするのではなく、まずはワイン好きの方たちにこのワイン試飲会に来てもらい、楽しんでもらい、その際に連絡先を入手しようと考えたのです。

しかし、自分の既存の知り合いや顧客にこのワイン試飲会の宣伝をしたとしても、リピート客のリストは増えても、新規客のリストは増えません。

新規客のリストを獲得するには、誰か別の人にワイン試飲会の集客を手伝ってもらい、新たな人脈に働きかける必要がありました。

そこで思い付いたのが、保険の営業パーソンです。

彼女は、保険の営業パーソンが契約をとるために、日頃からさまざまなイベントを企画して集客していることを知っていたのです。

数人～十数人でどこかに旅行に行く企画だったり、高級焼肉を食べに行く企画だったりを立てて、常に見込み客を増やす取り組みをしている保険の営業パーソンは、実は結構いるそうです。

そこで彼女は、そうした保険の営業パーソンの1人に、こう声をかけました。

「私がワインの仕入れや会場の設置、片付けも全部やるので、あなたは1人5000円の会費でワイン試飲会に10人以上を集客してもらえませんか？

そうすれば、あなたからは会費をいただきません」

保険の営業パーソンにとっては、ワインの試飲会の主催として10人集客するだけです。日頃からイベントの企画をしているので、これくらいの人数ならば朝飯前で、お金もかからずイベントを実施できる、とすぐに協力してくれることになりました。

結果、1回のイベントで売上5万円と、10人分のワイン好きの新規客リストを手にすることができました。

彼女はさらに、同じ企画を「コスト0円のワイン試飲会」と題して、保険の営業パーソンに次々に提案していきました。10回開催すれば、それだけで最低100人の新規客リストを獲得できるのですから……。

この企画は大成功。

獲得した新規客のリストに、入荷したワインの案内をDMやメールなどで定期的に送付してリピート客化に努め、リストから安定した売上を立てられるようになったのです。

もう1つ事例を紹介しましょう。

事例

ワンコイン洗車でリストを獲得、車検で儲ける by ガソリンスタンド ――

これは、私が以前住んでいた家の近くにあったガソリンスタンドの事例です。

そこはセルフのガソリンスタンドだったのでよく利用していたのですが、500円で手洗い洗車ができるのが特に便利でした。

そこには大きな洗車機も設置されていたのですが、外国車は洗車機に入れることができないので手洗い洗車が必須になります。また、車好きは洗車機で洗うと細かい洗車キズができるので、機械洗車を嫌がります。

そんなニーズがあるので、500円のワンコインで利用できる手洗い洗車のサービスは、とても人気がありました。

スタッフの方もとても気さくで、接客に好感が持てるので私も何度も利用していました。

ところで、手洗い洗車を依頼するときには、作業伝票を書かされます。そうです。この作業伝票がリストになるわけです。

このときにガソリンスタンドのスタッフは車の車検時期も確認して、作業伝票に記載します。車の車検時期はフロントガラス上部の車検シールに表示されているので、ひと目で簡単にわかります。

そのうえで、車検の時期が近くなってきたタイミングでハガキが送られてくるのです。

「いつもご利用いただきありがとうございます！ 当店の車検は、国家資格を持つ整備士が担当しており……」

このガソリンスタンドの車検がいかに安心で、いかに明朗価格かをアピールしたD

Mハガキです。

当時の私は自身がカー用品店に勤めていましたから、このガソリンスタンドでは車検はお願いしませんでしたが、どこで車検に出そうかと迷っている人だったら、このガソリンスタンドを選ぶ可能性は高いでしょう。

車業界の人ならわかると思いますが、車検は法定費用が決まっているので値崩れをせず、利益率が高い手堅い商品です。

ガソリンスタンドを利用しているとき、車検場に車が入庫している場面を何度も見ていましたから、効果はかなり高そうでした。

ぜひみなさんの会社でも、同じアイデアを何か別の形で利用できないか、また新規客のリスト獲得に役立てられそうな商品がないか、考えてみてください。

リストの増加は安定した売上アップに直結する

――継続的にリストが増えていないなら赤信号

もしあなたの会社の売上が安定していないとしたら、顧客のリストが増えていない可能性が高いです。見込み客リスト、新規客リスト、リピート客リストの全部です。お客様のリストを増やし、それらのリストから売上を生み出す仕組みがつくれていない可能性があるでしょう。

顧客のリストを常に増やし続けることが、企業として第一にやるべきことです。

1章でもお伝えしましたが、

「ビジネスとは、商品やサービスを使ってリストを集めることである」

という考え方がとても大切です。

手に入れた顧客のリストが、あなたの会社のメインターゲットに重なっていれば、さまざまな商品をあとから何回でもセールスできますし、そこから何度も購入してくださるリピート客が増えていくのです。

――同じような商品が自社になければ、むしろ笑え

……いかがでしょうか？

あなたの会社の商品で、テレビ通販における高枝切りバサミのポジションに当たる商品はありますか？

もし現在は特にないということであれば、むしろ大チャンスです。

それは、高枝切りバサミマーケティングで会社の売上をアップさせられる可能性が、まだまだ豊富に残っているということだからです。

せっかくですから、この機会に顧客リストの収集に使える商品を考えてみましょう。

とはいっても、最初はなかなか思い付かないと思いますので、次項から考え方のポイントをお伝えします。

【あなたの会社の高枝切りバサミの見つけ方①】

ペルソナを決める

――既存顧客の中から探すのがラク

最初にやらなければならないのは、あなたの会社のメインターゲットを明確にすることです。

どんな人を集めると、会社の売上に大きなインパクトを与えることができるのか?

この疑問に答え、理想のターゲットを明確にする必要があります。

その方法として、**ペルソナ設定**という手法がありますからご紹介します。

「ペルソナ」とは、ターゲットになりうるお客様の具体的な人物像です。

一般にマーケティングの分野では、**「ターゲット」**は幅を持たせてざっくりと設定します。「なんとなく、こんな人いるよね」という感じです。

それに対し、ペルソナにはより詳細な人物像を設定します。まるで、どこかに実際に存在している特定個人の特徴を記述するかのように、細かく設定を決めていくのです。

例えば化粧品販売会社のターゲット設定なら、左図のようになります。

ターゲット

ざっくり
イメージできる

45歳~55歳の女性
主婦
子育てがひと段落し自分の時間がとれるようになったので、たくさん外に出て、美しく生き生きとした生活をしたいと思っている。

対して、ペルソナはもう少し具体的に設定します。左図はその一例です。

ペルソナ

具体的に人物像がイメージできる

名前：野村幸子
性別：女性
年齢：50歳
居住地：東京都世田谷区
仕事：主婦
趣味：ミュージカル観覧
家族構成：夫、息子、娘
世帯年収：1000万円
悩み：最近、鏡を見たら目尻のシミが気になったので消したい。
欲しい未来：美しくなって、堂々と外出して友達と遊んだり、旅行に行ったりしたい。

ペルソナを設定するときは、リアル店舗への集客なのかインターネットでの販売なのか、富裕層を狙うのか一般層を狙うのかといった、「どこで、誰に販売するのか？」を明確にする必要があるので、住んでいる場所や年収はとても重要な項目になります。

また、ペルソナがあなたの会社の商品を買う理由についても、

・どんな悩みを持ってあなたの商品を買うのか？
・購入後には、どんな未来を手に入れたいのか？
を具体的に想像・検討し、設定する必要があります。

そのため、少なくとも次の項目は必ず入れるようにしてください。

・**性別**
・**年齢**
・**居住地**
・**仕事／職業**
・**家族構成**
・**個人年収もしくは世帯年収**
・**どんな悩みを持っているとお客様になってくれるか（悩み）**
・**どんな未来が欲しくて商品やサービスを買うのか（欲しい未来）**

完全に想像で設定していく方法もありますが、すでにビジネスをしているのであれば、既存顧客の中で理想のターゲットに近い方を参考に設定していく方法がリアルですし、作業も簡単でしょう。
複数人を設定することもありますが、通常は1人だけ設定します。

――その人がどう思うかを考えて

次に、先ほど設定したペルソナをイメージしたうえで、このような女性を顧客にしたいとき、どんな商品やサービスを提案すれば連絡先＝リストの入手ができるかを考えます。

すでにみなさんの会社が持っている商品やサービスでもいいですし、まだ存在しない商品やサービスでも構いません。とにかく、この特定の人物が購入したくなるモノやサービスは何かと考えていきます。

考え方のコツとしては、**できるだけペルソナの悩みに直接的に関係するものではな**

いところから、あえて考えてみてください。

・目尻のシミに悩んでいる→シミ消し

といったアイデアがどうしても最初に出てきてしまいますが、これでは今までとあまり変わらないアイデアしか出てきません。

せっかく非常識なマーケティングを学んでいるのですから、これまでとはまったく違う切り口からアイデアを探っていきましょう。

このときに、ペルソナが活きてきます。例えば、

・世田谷区に住んでいる50歳の人の連絡先を手にするには、どういう商品がいいだろう？

・50歳の女性って、どんなことに興味を持っているのかな？

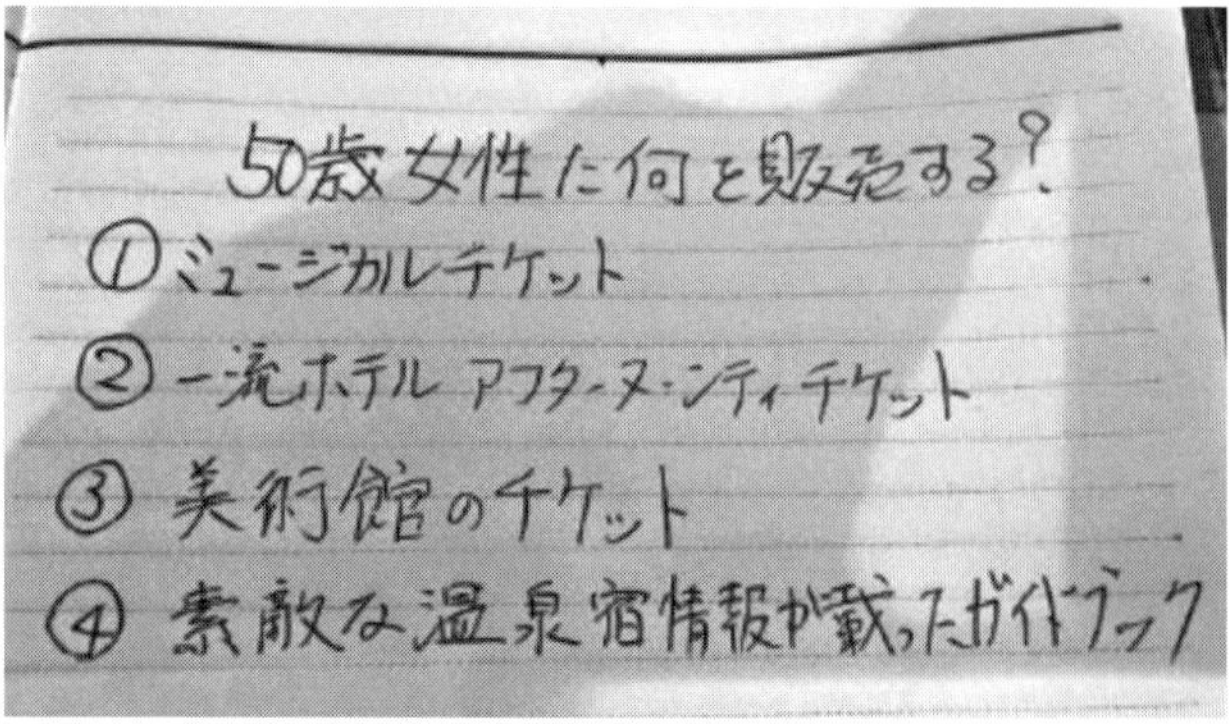

自社商品ではないモノを考えると面白い発想が出てくるので、
非常識なマーケティングの可能性が広がっていく

そんな質問を自問自答しながら、とにかく自由に発想し、新たな可能性を見つけられないか模索します。できるかどうかは、いったん横に置いておきましょう。

そのうえで、考えたものを紙に書き出していきます。

上図はその例ですが、ここで出てきた商品やサービスを自社で用意してもいいですし、自社では用意できないのであれば、持っている企業と提携することなどを考えて、ペルソナに近い方々のリストを手に入れるチャンスを増やしていきましょう。

【あなたの会社の高枝切りバサミの見つけ方②】

思いきった価格の「客寄せ商品」をつくる

――設定価格は1万円以下で、できるだけ安く

ペルソナが絶対に欲しいと思うだろう商品やサービスを実際に用意するとしたら、どのくらいの価格帯で提供できるかも算出してみてください。

他の企業が持っている商品を使いたいのであれば、その仕入れ値を把握します。

このとき、販売する商品はあまり高額な商品ではないほうがいいです。

なぜなら高額商品は多少欲しいと思っても、実際に購入に至るまでの心理的ハードルが高いからです。

1万円以内なら支払いやすいので、そのくらいの価格帯で考えてみましょう。

このようにして用意した、あなたの会社での「高枝切りバサミ」に相当する商品のことを、マーケティング用語では「**フロントエンド**」と言います。

私は、日本語にして「**客寄せ商品**」と呼んでいます。

この客寄せ商品は、とにかく一度、お客様に自社の商品を買っていただき、リストを手に入れることが目的の商品ですから利益を気にする必要はありません。

それよりも、この客寄せ商品すら買ってもらえない事態が生じることのほうが大問題です。

必ず買ってもらえるように、赤字にならない程度のギリギリの価格で販売してみましょう。会社の体力的に許容できるなら、極端な話、赤字商品でも構いません。

この客寄せ商品が機能するようになると、リストの獲得が非常にラクになり、売上を安定させられる確率もアップします。

次の章ではこの客寄せ商品を効果的に使う具体的な方法をお伝えしていきますので、合わせて自社のマーケティング戦略づくりの参考にしてください。

総括

この章のまとめ

◉顧客のリストを効率的に集めるには、テレビ通販の高枝切りバサミのような「客寄せ商品（フロントエンド）」をつくるのが効果的。

◉自社がターゲットにしたい顧客を具体的に想定し、その顧客の心理から商品を考える。つくった商品をどう売るか、という発想とは逆を目指せ。

◉最初の購買をしてもらうのが一番大変。良い客寄せ商品があれば、この最初の購買を比較的スムーズに実現できる。結果、2回め以降の購買へのお客様の心理的ハードルも下がる。

◉自社ならどんな客寄せ商品をつくれるか、考えてみる。それには、①ペルソナを設定して、そのペルソナが買いたくなるような商品やサービスを考える。②気軽に利用できるように、可能な限り低価格にする、の2つの方法が有効。

◉獲得した見込み客や新規客のリストに定期的に働きかけ、リピート客にしていくことで、安定した売上のアップが実現する。

第3章

売れ筋商品は集客のための仕掛けである

バカ売れ商品をつくって集客しよう

——これは買わなければ損だ！と思わせる

あなたの会社にはバカ売れ商品はありますか？

この商品は売れています、と自信を持って言える商品です。

「この商品をこの価格で出したらバカ売れする」という商品を持つことは、ビジネスを安定させるためにとても重要です。


このバカ売れ商品、実は利益が出ていなくても構いません。

流石に売れば売るほど赤字になるのはマズイですが、売っても赤字にならず、トントンになるくらいであればＯＫです。

素人のお客様が見ても、「これは安い！　買わなければ損！」という金額設定をすることで、バカ売れ商品は意図的につくれます。

このバカ売れ商品を買ってくださったお客様に、利益の出る別の商品を購入していただくことで、利益を出していきましょう。

実はこの方法は、身近なところでもたくさん利用されています。

例えば、スーパーのチラシ。

特売品としてもやし1袋5円、ボックスティッシュ5箱98円など、セール中には激安商品が並びます。

しかし、スーパーにチラシ商品を買いに来た人は、それだけを買って帰る、ということはほとんどありません。チラシ商品だけを買って帰られると赤字なのですが、ついでにほかの食料品だったり、日用雑貨を買ったりする人が多いのです。

スーパーは、それらの商品で利益を出します。

その利益を使って、何度でもセールができるというわけです。

――バカ売れ商品があれば、いつでも売上をつくり出せる

この仕組みのことを、マーケティング用語では「フロントエンド」「バックエンド」と言います。

フロントエンドは、日本語にすると「客寄せ商品」。

バックエンドは「利益商品」です。

ここでお勧めしているのは、バックエンドを売るために意図的にフロントエンドをつくってお客様を集める手法で、私はこれを**「バカ売れマーケティング」**と呼んでいます。

「この商品をこの価格で販売すれば、必ず売れる」という商品を持っておくと、いつでも売上をつくることができるので非常に役立つ戦略です。

この3章では、バカ売れマーケティングの事例をいくつか紹介していきましょう。

事例

吉野家は牛丼で集客し、サイドメニューで儲けている

――卵やおしんこそが利益の源泉

まずはわかりやすいところで、牛丼の吉野家の儲け方を推測していきましょう。

「早い、安い、うまい」のコンセプトで、忙しいビジネスマンに愛されているお店ですね。

低原価のサイドメニューが利益の源 by 牛丼の吉野家――

吉野家の売れ筋商品は、やはり牛丼です。

なんと言っても「牛丼の吉野家」ですから、看板商品なわけです。

この牛丼がバカ売れすることが、吉野家の生命線です。

そのため、牛丼は可能な限り安い価格が設定されていると思われます。

では、どこで利益を出すのか?

「卵」「おしんこ」「サラダ」「みそ汁」といったサイドメニューです。

スーパーでは、卵は10個入り1パックが２４０円前後で売られています（以下、実際の価格はすべて本書執筆時点のもの）。

つまり、1個24円程度。一度に大量に購入しているでしょうから、実際にはもっと安く仕入れているはずです。

それを吉野家では1個78円で売っていますから、しっかりと利益が出ています。

吉野家は牛丼の利益を下げても、同時にサイドメニューも注文してもらうことで、儲けの帳尻を合わせているわけです。

私も吉野家はよく利用しますが、「並、卵、みそ汁、つゆだくで！」なんて注文をしているので、利益の出ている客だと思います。

この「非常識な儲けの仕組み」を知っているので、どうしても申し訳なくて、牛丼の並盛りだけで終わらせることができないのです（笑）。

俺のフレンチの看板商品は原価率300%だった!?

――赤字商品は話題になりやすい

次は、フランス料理レストランの俺のフレンチです。ここはマーケティングがとても上手な企業です。

本当に素晴らしい手腕で、実際の料理の味も良く、私も大好きな企業の1つです。

開店当初の報道や同社の戦略について触れた書籍などを参考に、同社でのバカ売れマーケティング実践の事例を見てみます。

事例

原価割れの限定商品でPR効果を狙う by 俺のフレンチ

俺のフレンチは、店をオープンさせた当初はワイドショーに取り上げられるなどして、なかなか予約がとれない、入れないお店でした。

そんな俺のフレンチの「非常識な儲け方」は、異次元の回転率を実現することでした。

平均原価率90%というとことん味にこだわる異常な販売をしているため、普通に営業していては利益が出ません。

そこで、あえてフランス料理店にはそれまでありえなかった「立ち食い」スタイルを導入することで、お客様のお店への滞在時間を劇的に短くし、回転数で利益を上げる方法を選んだのです。

この取り組みは目新しさもあり、当時はテレビにも多数取り上げられました。このビジネスモデルを真似して、自社に取り入れた飲食店も多く出ました。

しかし、本書で取り上げたいのはそこではありません。

この俺のフレンチ、以前に「活きあわびと生うにのゼリー寄せ・キャビア添え」という商品を販売したことがあるそうです。このとき、同社は材料費が900円かかるこの料理を、なんと300円で提供したとのこと。

原価率300％の料理をつくってしまったら、当然ながら、売れば売るほど赤字です。

俺のフレンチは、なぜこんな暴挙に出たのでしょうか？

それは、暴挙の背景にとても素晴らしい戦略があったからです。

この「活きあわびと生うにのゼリー寄せ・キャビア添え」ですが、実は主に宣伝のネタとして使われたようです。

当時、このメニューはニュースなどで話題となり、お客様などもSNSで拡散。

一度は食べてみたい！とたくさんの方が来店しました。

何食も用意できないので、1日限定20食の期間限定販売としていたそうですが、その宣伝効果は絶大なものになりました。

まさに「バカ売れ商品」です。

原価900円の商品を300円で提供したら、1商品につき600円の赤字。

これが1日20食出るわけですから、1日当たりでは1万2000円の赤字です。

しかし、このメニューを求める人がお店に押し寄せるわけですから、1日たった1万2000円の広告費で大量に集客できている計算になります。

商品の値引き額を広告宣伝費として捉えた、上手なマーケティング手法だと思います。

参考文献：田中靖浩著『良い値決め　悪い値決め』（日本経済新聞出版社、2015年）

継続的な販売はご法度

なお、この手法に関して1点だけ注意しておくと、原価割れなどの極端に赤字の商品を集客材料として利用する場合、その商品を継続的に販売してはいけません。手を変え品を変え、同じような原価割れ商品を常に販売するのも避けたほうがいいでしょう。

これは、赤字が大きくなることもマズイのですが、むしろ独占禁止法で決められている「不当廉売《れんばい》（いわゆるダンピング）」に該当する可能性が出てくるからです。

極端に原価割れのバカ売れ商品をつくる際には、1日だけ、あるいは長くても1週間だけの販売にするなど、あくまでも時間を区切って利用することが大切です。

この点は、決して忘れないでください。

ちなみに、本章のこのあとのカーナビの事例で出てくるように、商品の相場が変動することで原価割れの価格で売らざるを得ないような事情がある場合には、継続的に販売していても、不当廉売にはならないと考えられています。

事例

安売り商品で常連客をつくった高級ゴルフショップ

――来店頻度や購買回数を引き上げる目的でも使える

自社のバカ売れ商品は、見込み客や新規客を常連化させ、リピート客へと変えることにも使えます。

消耗品をバカ売れ商品化して集客&常連化 by 高級ゴルフショップ――

これは、ある高級ゴルフショップの事例です。

このゴルフショップが扱っている商品はどれも高額で、本来は富裕層をターゲットにしたショップです。

50万円もするゴルフバッグや、1着10万円以上するようなおしゃれなゴルフウェアが展示され、内装も高級感があります。

正直、誰もが気軽に入れるようなお店ではありません。


しかしこのゴルフショップには、あまり似つかわしくない商品も置いてあります。

それは、ゴルフボールです。

このボールはゴルファーに大変人気がある商品ですが、こだわりの特殊なボールというわけではなく、どこの量販店に行っても同じ値段で販売されているものです。

しかしこのショップでだけは、他の量販店よりもいくらか安い値段で販売されていました。赤字ではないでしょうが、利益はほとんど出ないだろう水準です。


当然、この情報を知っているゴルファーは、ボールだけでもこのショップで購入します。そしてボールは消耗品なので、なくなったらまたショップに来店して、ゴルフボールだけ買っていきます。

しかし、そうやって来店しているうちに、高級なバッグやウェア、クラブなどが嫌でも目に入ります。

すると、もともとゴルフが好きな人が来店していますから、次第に良いものが欲しくなり、何割かのお客様はそれらの利益率の高い商品を購入してしまう、という仕組みです。

もともと高級ゴルフショップに来るようなお客様ですから、とにかく販売価格だけを重視する、といった層のお客様はほとんど来店しません。安いゴルフボールにつられているとはいえ、ある程度、経済的な余裕があるお客様が多数派です。

この高級ゴルフショップは、そうしたお客様に何度も来店していただき、見込み客や新規客からリピート客になってもらうために、継続的に販売できる消耗品の利益をあえて薄くし、意識的にバカ売れ商品をつくり出していたのです。

このように消耗品など定期的に購入される商品を「バカ売れ商品」にすることができれば、安定した集客につながりますし、リピート客＝常連客をつくることにも繋がります。

みなさんの会社でもそのように利用できる商品がないか、ぜひ探してみてください。

事例

カーナビを日本一安く販売して付属部品やサービスで儲ける

──年商4億円のつくり方

今までは他社の事例を紹介しましたが、これからお話しするのは、実際に私がこの「バカ売れマーケティング」を使って自社の年商を4億円にまで成長させた事例です。

メイン商品ではなくサイドメニューで儲ける　by　カーナビ通販会社──

私が脱サラして最初につくった会社は、主にカーナビの通信販売をする会社でした。

前述したとおり、会社員時代にはカー用品店に勤めていましたから、その流れで事業を始めたのです。

しかし最初は、まったくうまくいきませんでした。

なぜなら、問屋から仕入れるカーナビの値段が、インターネットの最安値より高いのです（笑）。

これでは、仕入れ値でそのまま販売してもまず売れません。

インターネットの最安値にまで値下げすれば売れますが、売れば売るほど大赤字です。

何か利益を出す方法はないか？と考えた私は、この章で紹介しているバカ売れマーケティングを実践しました。

当時、カーナビの販売価格をインターネット上の価格比較サイトの最安値に合わせて販売すると、10台に1台くらいの確率で、お客様から「おたくのところで取り付けまでできないの？」という問い合わせがありました。

「これだ！」と思った私は、カーナビの販売ページに「カーナビ取り付けもできます！」と記載することにしました。
すると、取り付け希望のお客様の注文が増えたのです。

取り付けサービスは自社で行っていませんでしたが、提携している取り付け店をお客様にご紹介し、その取り付け店から紹介料をもらうことで利益を出すことに成功しました。

これだけではありません。
カーナビを車に取り付けするときに必要な「取り付けキット」というパーツがあるのですが、その「取り付けキット」だけは定価で販売して利益を出していました。

お客様は取り付けの知識がないので、自分の車にどの取り付けキットが必要になるかがわかりません。
自分で調べて、インターネットでバラバラに購入するほうが安いとわかっていても、慣れていないと面倒ですし、もし間違えて購入してしまったら損をしてしまいます。

我々プロが用意したもののほうが安心なので、定価でも喜んで購入してくれていました。

インターネットの最安値に合わせて売ることで、カーナビという自社の主力商品を「バカ売れ商品」化して集客し、サイドメニューの取り付けサービスや取り付けキットで利益を出す。

まさに、事例で紹介した吉野家と同じ考え方です。

この仕組みができてからは、カーナビをバカ売れさせると利益に繋がるので、たとえ利益0円でもカーナビを販売できました。

10万円のカーナビを販売したのに、500円しか利益が出ないなんてことも当たり前にありました。カーナビのネット価格は変動するので、ときには赤字販売になってしまうこともありました。

しかし、サイドメニューで利益が出ているので、カーナビ自体はいくらでも、とにかく売れればOKなのです。

この仕組みで薄利多売をすることで、私の会社は最高売上が4億円にまで達したのですが、ちょうどその頃、スマホの台頭でカーナビの必要性が薄れてきました。

それまでは車に設置する専用機によるナビが主流だったのですが、スマホをカーナビ代わりに使う人が少しずつ増えてきたのです。

スマホによるナビ機能は、当時はまだ精度があまり良くなかったのですが、今ではかなりの性能になっていますね。

スマホがカーナビに取って代わる時代が、すぐに来てしまう。

そう危機感を感じた私は、物販のビジネスではなく無形商品を扱う必要があると考え、現在の仕事を始めるきっかけとなっていきます。

その話は本書のテーマとずれるのでこれ以上はお話ししませんが、いずれにせよ当時の私は、このカーナビをバカ売れ商品化する手法は長くは続けられないだろう、とかなり早い段階から思っていました。

ビジネスにも食べ物と同じように賞味期限があります。

ずっと右肩上がりで推移し続けることはありません。

時代や社会の変化に対応するため、ときには思いきった方向転換をしなければならないタイミングがやって来ます。

その方向転換のときに、本書で紹介しているような非常識なマーケティングの手法を知っていれば、その後に大きな差が生じます。

もし、あなたも当時の私と同じように時代から変化を求められているのなら、むしろ新しい事業を生み出すチャンスなのかもしれないと捉えてください。

決して悲観せず、本書のノウハウのどれかを真似して、ぜひ前向きに対応していってください。

商品単体で儲けるのではなくグロスで儲ける視点を持つ

――常識や思い込みを取り払い、冷静に見てみよう

いかがでしたか？

バカ売れマーケティング実践のコツを体得できたでしょうか？

この3章で紹介した手法のポイントは、**「1つの商品で利益を出そうとするのではなく、いくつかの商品を組み合わせて利益を出す視点を持つ」こと**です。

儲けを単体ではなくグロス（全体）で見る。

そういう視点が良いマーケティングの戦略、つまりは「非常識な儲け方」に繋がります。

また、俺のフレンチの事例のように値引きを広告宣伝費と捉える考え方や、高級ゴルフショップのようにリピート客化に役立てる視点も、ぜひ参考にしてください。

こうした考え方ができるようになると、他社との価格競争に勝てるだけでなく、圧倒的な集客力を実現できる可能性があります。

逆にこのマーケティング戦略を知らない企業からすると、「なぜあそこは、あんなに安くして利益が出るのか?」というふうに思われることでしょう。

まさしく、本書のタイトルにもなっている「非常識な儲け方」を実現できる、というわけです。

総括

この章のまとめ

◉自社の商品を「絶対に売れる」レベルにまで値下げしてバカ売れ商品をつくろう。赤字にならないギリギリの値付けがお勧め。

◉バカ売れ商品を買いに来たお客様に、利益の出る別の商品を買ってもらうことで儲かる仕組みをつくる。これが「バカ売れマーケティング」で、専門的な用語で言えば、フロントエンドとバックエンドをつくることに相当する。

◉バカ売れマーケティングは身の回りにたくさんある。例えば牛丼の吉野家は、バカ売れ商品の牛丼で集客し、利益率の高いサイドメニューで儲けていると思われる。

◉実質赤字の極端なバカ売れ商品をつくることで、話題をつくり、その宣伝効果で集客する方法もある。ただし、不当廉売（ダンピング）にならないように注意が必要。

◉購入する回数が多い消耗品をバカ売れ商品にすることで、お客様に何度も売り場に足を運んでもらえる。

◉自社の商品なら、どんな形でバカ売れマーケティングの仕組みができるかを考えてみる。筆者の会社では、低価格化が進んでいた主力商品をバカ売れ商品にし、サイドメニューの取り付け部品や取り付けサービスで大きな利益を出すことに成功していた。

◉特定の商品1つではなく、複数の商品を組み合わせて利益を出す視点を持つと、上手に仕組みをつくりやすい。

第4章

本業だけで儲けないで、それ以外でも稼ぐ方法

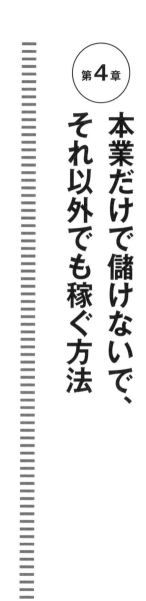

本業自体を客寄せ商品にする

3章では、バカ売れ商品を使って集客する「バカ売れマーケティング」の手法をお伝えしました。

しかし、**商品ではなく事業そのものを集客に利用する方法**もあります。4章では、その方法「実は私《わたくし》、マーケティング」をお伝えしていきます。

――キャッシュポイントを2つ以上に増やせ

バカ売れマーケティングでは、儲けはグロスで見るという考え方をとりました。

極端な安値を付けた「客寄せ商品」を集客の原動力としたうえで、ほかの商品で儲ける作戦です。

ところで、企業が利益を出す商品や仕組みのことを**「キャッシュポイント」**と言います。

バカ売れマーケティングでは、サイドメニューがキャッシュポイントになっていましたが、主力の商品はキャッシュポイントではありませんでした。

一方で、事業そのものを集客の材料にする手法では、2つ以上の商品で同時に儲けを出すことを狙います。

会社の中に複数のキャッシュポイントができるので、効率よく利益を出すことができます。

どうすればそれが可能になるのか?

今回は、安くすることで集客するわけではありません。

うまくいっている本業に、さらなるキャッシュポイントをプラスすることを考えていきます。

具体例をお伝えしたほうがわかりやすいと思いますので、事例を2つ紹介しましょう。

事例

有名なパーソナルトレーニング事業以外でも稼いでいる by RIZAP ――

RIZAPという会社をご存知ですか?

大きな会社ですから、ほとんどの方はご存知だと想いますが、この会社、どういう事業をしているイメージがあるでしょうか?

テレビCMもガンガン流れていましたから、おそらくはダイエットなどを実現させる事業、つまりパーソナルトレーニング事業のイメージが強いでしょう。

確かに、同社の現在の主力事業はパーソナルトレーニング事業のようです。

しかし実はこのRIZAP、もともとはサプリメントなどの健康食品を売っている会社でした。

サプリや健康食品の販売が本業で、パーソナルトレーニング事業はあとから始めたのですが、それが大当たりした格好です。

ところで、同社のパーソナルトレーニング事業は認知度が高く、人気もある事業です。しかしジムを維持する費用や、トレーナーの人件費などがかかります。

RIZAPのパーソナルトレーニングは、同業他社のそれよりも思いきった高単価が付けてあり、その代わりに結果にコミットする、つまり絶対に希望した体型や体重に近付けますよ、という商品なので、似たような他社の商品よりは利益率が高いでしょう。それでも、比較的高コスト体質の事業であるのは間違いありません。

一方で、サプリなどの健康食品は一般に製造コストが安く、かつ軽くて小さいので保管や発送にもほとんどお金がかかりません。その割には高い売値を付けられるので、利益率が高い事業だとされています。

同社の場合は原則自社製造ですから、さらにコストを安くできるでしょう。

そこで、RIZAPは人気の高いパーソナルトレーニング事業そのものを「バカ売れ商品」化し、そこで集客しつつ、理想の体型や体重を実現するためのサプリや、それらのメンテナンス用のサプリとして、自社の商品を購入・利用してもらう仕組みをつくりました。

パーソナルトレーニング事業でも儲けが出ますし、利益率が高い自社製サプリも継続的に買ってもらえるので、そちらでも儲けが出ます。

安売りをすることなく1つめの事業で集客し、2つめのキャッシュポイントにも繋げているわけで、見事な戦略だと思います。

まさに、もともとサプリを販売していた会社だからこそできる儲け方です。

実は、RIZAPはサプリの会社だったのです。

事例

音楽以外でも稼いでいる by 矢沢永吉さん

私も大好きなロック歌手の矢沢栄吉さんは、失礼ながら最近では、新曲がオリコン1位になったとか、そういう話はあまり聞きません。

しかしながら、ライブやコンサートはいつも超満員で、たくさんの固定ファンがいるアーティストです。

以前のようにCDの売上では儲けられなくなっていますから、最近のアーティストにとっては、ライブやコンサートの収益は主要なキャッシュポイントの1つになっています。

そのライブやコンサートが満席なのですから、矢沢栄吉さんはビジネス的にもとても安定しているアーティストだと言えるでしょう。

ところで、ライブやコンサートでの収益源はチケットだけではありません。グッズの売上も大切になります。

これはミュージシャンだけではなく、スポーツなどのいわゆる「人気商売」では共通している特徴で、グッズの売上も収益の柱の1つになるのです。

そして矢沢永吉さんの場合、このグッズの売上が異常なのだそうです。

つまり、グッズで大儲けしている。


ファンの方には周知のことだと思いますが、矢沢さんのグッズで特に有名なのが、いわゆる「Ｙａｚａｗａタオル」です。

ライブやコンサートでは、途中でこのタオルをみんなで上に投げるというパフォーマンスがあるそうで、矢沢さん本人と会場の参加者が一体感を得られるためか、恒例のコンテンツとなっているようです。


このタオル、1枚5000円します。

そしてライブやコンサートごとに異なるプリントになっています。

拾って何度も使う人もいるでしょうが、タオルを投げ上げるパフォーマンスごとに買い直す、というファンが多いでしょう。そのたびに、新たなタオルが購入されるのです。

人気のあるライブやコンサートの事業そのもので集客して、タオルのグッズ販売にも繋げて2つのキャッシュポイントで儲けている、という事例です。

この状況を、ある方はこう表現していました。

「実は、矢沢栄吉さんは日本一のタオル屋さんなんです！」と。

この表現は素晴らしいと思います。決して揶揄《やゆ》したり馬鹿にしたりしているわけではなく、「実は○○屋でもある」という考え方は、そのビジネスを安定的に運営していくうえでとても役立つものだからです。

……いかがですか？

商品ではなく事業で集客する、と私が言う意味がわかっていただけたでしょうか。

ちなみに、事例の2つめではライブやコンサートの事業をグッズ販売へ繋げるアーティストの例として、特に成功を収めていると噂の矢沢永吉さんを例に挙げましたが、同様の手法は、湘南乃風などほかの多くのアーティストも実践している手法です。

――小さなビジネスでも応用できる

私自身、自分のビジネスでこの手法をどのように実践しているかも紹介しておきましょう。

事例

実はマーケティングのコンサルでもある by コピーライター――

当初、カーナビ通販の事業で独立した私ですが、カー用品関連の上場企業に勤めていたときには、およそあらゆる販売促進の施策や、マーケティング手法の実践に携わりました。

それらの業務で身に付けたスキルを活かし、当初からコピーライティングの仕事も請け負っていました。

おかげさまで、それなりに注文もいただいています。

さて、そうしてコピーライターとしてウェブサイトの販売ページのセールスレターをつくるお仕事などを依頼されたとき、私はプラスアルファでちょっとしたライティングのテクニックだったり、集客法だったりをクライアントにお話しするように意識していました。

そうすると、お客様は「なるほど、そんな方法があるのですね」などと言って、しだいに私のことをただのコピーライターだと思わなくなっていきます。

集客や儲け方についても詳しい人だと認識するわけですね。

ところで、私の名刺には「コピーライター」としか書いてありません。

この「実は私、マーケティング」を成功させるために、あえて「マーケティングコンサルタント」の肩書きは載せていません。

そもそも「マーケティングコンサルタント」という肩書きは扱う対象が広すぎて、何をする人なのかがよくわからないですし、コンサルタント業界は典型的なレッドオーシャンです。

むしろ比較的珍しい職業である「コピーライター」だけに肩書きを絞ることによって、「広告の原稿を書くプロ」というポジションを築き、そうすることでお仕事をいただいています。

そして、そうやって何度かお仕事を請け続けていくうちに、「小嶋さんって、コピーライターというよりマーケターなんですね」などと言われるようになっていきます。

そうしたらしめたもの。

「はい。実はコピーライティングは、マーケティングの手法の1つなんです。だから、それだけできてもあまり効果はないんです。集客の導線や広告の測定など、全体のマーケティングができなければ意味がありません。

でも、マーケティングコンサルタントって正直何をする人なのか、よくわからないですよね？

そこで、あえてイメージがしやすいコピーライターと名乗ることで、最初のお仕事をもらいやすくしています。

こうやってお仕事をさせてもらえれば、私の実力を知ってもらえるので、そこからマーケティングコンサルは何をする人なのかを理解してもらい、マーケティングのお手伝いもさせてもらっています」

というようなセールストークを入れていきます。

すると、「小嶋さんのマーケティングのセミナー、どこかで受けられないのですか？」というお声をいただいたり、「ウチのコンサルをしてもらえないか？」と言われたり、ありがたいことに、そんな具合にお仕事が広がっていくのです。

そうお声がけいただいたら、あとは「では、コピーライティングだけでなく、マーケティングコンサルティングのほうも合わせて任せていただければ、それだけ効果も上がっていくと思います。

ぜひ、やらせてもらえませんか？」

とオススメするだけです。

・コピーライターだけど、実はマーケティングコンサルタントでもある。
・パーソナルトレーニング専門のジムだけど、実はサプリの販売店でもある。
・ライブやコンサートが得意な歌手だけど、実は日本一のタオル屋でもある。

こういう、**「実は○○屋でもある」という状態をつくる意識を持つだけでも、自社に新たなキャッシュポイントを生み出せるようになります。**

非常識なマーケティング

を活用できると、こんな未来を
手に入れることも可能です。

- 同業他社に「どうやって儲けてるの？」と不思議がられながら儲けられる
- 新しい事業戦略が思いつくようになる
- 価格競争に巻き込まれなくなる
- たくさんのキャッシュポイントを生み出せるようになる
- ただの安売りではなく、 意図的な値下げができるようになる
- 社内会議でアイディアがたくさん出るようになる
- 他社商品ですら自社の利益にすることができるようになる

※特典動画は本書の著者が独自に提供するものであり、その内容について出版元である株式会社すばる舎は関知しておりません。
株式会社すばる舎にお問い合わせを頂いてもお答えすることはできませんのでご注意ください。
※特典動画は事前の予告なく公開を終了したり内容を変更したりする場合があります。
株式会社すばる舎はそれらの変更を理由とした書籍の交換や返品には応じませんのでご注意ください。

今すぐ見れる！

メール登録すると、
全ての解説動画をご視聴いただけます。

二次元コードを読めない方はこちらのURLからどうぞ

https://my53p.com/p/r/aGsWWy3L

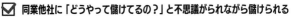

特別な読者プレゼント

本書でも記載した
「バカ売れマーケティング」を
動画でフォロー解説します！

すぐに売上アップにつなげていただくために、本書で様々な事例をお伝えしましたが、その中でも「バカ売れマーケティング」は本当に大事な考え方です。そこで、もっと理解を深めていただくためにフォロー解説動画をプレゼントします。本書で書ききれなかった内容も話していますので、ぜひ今すぐご視聴ください！

今すぐ見れる！

メール登録すると、
全ての解説動画をご視聴いただけます。

二次元コードを読めない方はこちらの URL からどうぞ

https://my53p.com/p/r/aGsWWy3L

自社のビジネスの中でも人気があり、集客力がある事業のお客様に、何かほかのモノやサービスが売れないか探してみましょう。

マーケティングの専門用語では「**多角化戦略**」などと言われる手法ですが、前述したように私自身はこの手法を「実は私、マーケティング」と呼んでいます。

「実は私、〇〇屋なんです」

この〇〇屋の部分に、どんな商品やサービスを組み込むのか？

そのような問いを自らに投げかければ発想しやすくなります。

みなさんも、ぜひ自社で試してみてください。

事例

ハンバーガーだけ売っているわけじゃない

——マックは実は〇〇〇屋さん

「実は私、マーケティング」の手法について、もう少し事例を紹介しましょう。

フランチャイズビジネスの雄として by マクドナルド——

ハンバーガーと言ったらどこ？ と質問すれば、大半の人は「マクドナルド」と答えるでしょう。同社は、それくらいに圧倒的な業界ナンバー1の存在です。

当然、マクドナルドといえばハンバーガー屋さん、というのが世の中の認識となります。

しかし、マクドナルドは食品だけで利益を上げているわけではありません。

同社は、常にフランチャイズ（ＦＣ）店舗を募集しています。

ご存知の方も多いでしょうが、「フランチャイズ」とは本部とＦＣ加盟店の間で契約を結び、売上の一部をロイヤリティとして支払う代わりに、ＦＣ加盟店側が本部の提供するブランドやノウハウ等を使用できるようになるビジネスモデルです。

マクドナルドの場合、本部が土地や建物まですべて用意して、オーナーだけ募集するという形式をとっています（この形式自体は、フランチャイズではよくあるものです）。

つまり、マクドナルドはフランチャイズの本部として、ＦＣ加盟店に土地や建物を借りてもらい、家賃を払ってもらっています。

そのうえで、売上の一部もロイヤリティとして支払われます。

ＦＣ加盟店の側では、圧倒的な人気を誇るマクドナルドのハンバーガー事業に魅力を感じ、こうした費用を負担してでもマクドナルドのブランドで商売をしたほうが得だ、儲けやすいと判断して、フランチャイズ契約を結んでいます。

そこには両者のしっかりとした合意があるわけで、まったく何も問題のない、ごく一般的なビジネスモデルです。

しかし、あえて少し嫌な言い方をさせていただくと、ＦＣ加盟店側のもくろみが外れて、仮に赤字になってしまったとしても、土地や建物の賃料をもらっている本体のマクドナルドは決して赤字になりません。

つまり、マクドナルドは、実は不動産屋でもあったのです。

この事例は、フランチャイズという形式をとっているので前項で紹介した事例よりは少し複雑になっていますが、自分の会社が持っている強い事業を使って、新たなキャッシュポイントをつくり出している点は変わりません。

強みのある事業には、非常に大きな価値があるのです。

マクドナルドは業界ナンバー1の実績と知名度があり、そのネームバリューを借りて集客するのがFC加盟店です。

その集客でFC加盟店が上げた利益の一部を、ロイヤリティや家賃としてマクドナルド本体が吸い上げている仕組みです。

――主力商品を生み出しているノウハウも売れる

さて、ここまでの事例を参考に、あなたの会社の強みがどの事業にあるのか考えてみましょう。

マクドナルドのように、業界ナンバー1にまでなっている必要はありません。

例えば街の小さなパン屋さんだとしても、「美味しいパンがつくれる」という強みがあります。

毎日行列ができているわけではないにしても、長年、街で愛されているパン屋さんだとか、一定の規模の固定客が付いているなどの強みがあれば、十分にその事業自体を利用し別のキャッシュポイントをつくれます。

パンを売って儲けるのは当たり前なので、そこに少し非常識な儲け方を取り入れましょう。例えば、こう考えてみてください。


「パンを売るのではなく、そのおいしいパンをつくる技術をどこかに売れないか？」


こう考えてみれば、「おいしいパンをつくる技術を欲しがるところはどこだろう？」という発想に変わっていきます。

そして、思い付くままにノートに書き出していくのです。

・料理教室の講師
・学校給食の調理サービスの会社

・出来立てのパンをウリにしたいカフェ
・記念品のキャラクターパンをつくりたい結婚式場　……などなど

これらの例は数分で私が考えたものですが、普通に「パンをどうやって売ろうか?」と考えていただけではなかなか思い付かない売り先が出てきたように思います。

みなさんも、あらゆる可能性を探ってみてください。社員みんなで考えることで驚くほどのアイデアが出てくるはずです。

そのうちの1つを採用して、新たなキャッシュポイントをつくるべく行動していけば、それだけで新規事業の誕生、多角化戦略の成功です。

例えば、先に挙げた例を「実は私」に当てはめてみると、

「実は私、料理教室の講師です」
「実は私、学校給食のメニューをつくる会社です」

「実は私、カフェのメニューコンサルタントです」
「実は私、結婚式場の販促品をつくる会社です」

というように、パン屋という本業ではない新事業が生まれる可能性が広がります。

従来のメイン事業だけをキャッシュポイントにするのではなく、自分たちの強みをもう1つのキャッシュポイントにつなげる意識を常に持ちましょう。

パンを売るのは当たり前。それだけでなく、強みの本質である「技術力」も売ってみる、ということですね。

事例

リストを活かして新しいキャッシュポイントをつくる

――リスト数が多ければ、そこにも大きな価値がある

さまざまな方法で蓄積しているお客様のリストは、新しいキャッシュポイントをつくろうとするときにも役立ちます。

これも事例を1つ見ておきましょう。

タダでイラストを描いても儲かる by イラストレーター――

私の知人で、個人でビジネスをしているあるイラストレーターさんの話です。

彼の本業は、もちろんイラストレーターです。イラストの依頼を受けて、クライアントの希望する内容のイラストを描いて報酬をもらうのが、普通のイラストレーターの仕事の仕組みです。

ただ、それでは依頼がないときには売上が立ちません。

時間があるときに営業活動することはできますが、たとえ営業活動をしたとしても、発注するのは自分ではありませんから、売上発生のタイミングはコントロールできません。

これは、なかなかにビジネスを安定させるのが難しい状況です。

そこで彼は、あるメールマガジンの運営を始めました。

インターネット上でダウンロードしてそのまま使えるようにデータ化されたイラストを、メールマガジンの読者に定期的に無料で送るサービスを始めたのです。

そのメールマガジンに登録している読者は、ウェブサイト制作会社の人間だったり、ブログを頻繁に更新する人だったりと、無料で使えるイラストを欲している人たちです。彼が描いた動物のイラストだったり、サラリーマンのイラストだったりが、無料で送られてくるのを楽しみにしています。

私がこの人物のことを知ったときには、そのメールマガジンの登録者数は、なんと30万人にも膨れ上がっていました。

彼はイラストレーターですが、メールマガジンでは無料でイラストを公開してしまうので、そこで儲けを出しているわけではありません。

では、一体どこで儲けを出しているのでしょうか?

1つには、メールマガジンの読者の中で自分もイラストを描きたいと思っている人向けに、「イラストの描き方講座」などを開いて、自分のイラストを描く技術を販売することで収益を得ていました。

加えて、メールマガジンの読者数を30万人にも伸ばしたマーケティングの手法についても、セミナーなどを始め収益化していました。

しかし、これだけではありません。

一番のキャッシュポイントは、このメールマガジンの中に企業の広告を入れることでした。

つまり、アフィリエイト（成果報酬型広告）です。

30万人もの読者に情報を届けられるのであれば、そこに自社商品の広告を載せたい、と考える企業はたくさんあります。

化粧品やサプリメント、セミナー情報などのアフィリエイトをメールマガジンの本文に組み込んで、無料イラストを送るとき、同時に読者に情報提供をするようにしました。

すると、30万人もの読者がいるので、そのうちの数%の人は反応してリンクをクリックしたり、さらには商品を購入したりしてくれます。

結果、その数に応じたアフィリエイト報酬が広告会社から振り込まれる、というわけです。

その金額は、本業や講座・セミナー業をはるかに上回るものになっているそうです。

彼はイラストレーターという本業のほかにセミナーもやり、加えて圧倒的にアフィリエイトという手段で稼いでいました。

そうです、彼は実はアフィリエイターでもあった、と言ってしまっていいでしょう。

そしてこれは、リストをたくさん保有しているからこそできた技です。

リストの数が多くなれば、それ自体が1つの媒体・メディアとして価値を持つようになり、リストそれ自体を使って儲けを生み出せるようになります。

ビジネスをやるには、やっぱりリストは欠かせない、というお話です。

もしあなたの会社が、たくさんリストを持っているのに活かしきれていないと感じているのなら、他人の商品を売ることができないか？　と考えてみてください。

他人の商品なので在庫も持たなくてすみますし、売れなくてもリスクは低いので、試してみる価値はあるでしょう。

みなさんも自分の本業を上手に使い、顧客リストの集積に繋げていきましょう。そのリストと組み合わせることで、新しいキャッシュポイントを生み出していくというのもお勧めの方法です。

――「手入れ」をしなければ宝の持ち腐れ

手元にあるリストを上手に活用できていない企業はたくさんあります。もしかしたらあなたの会社も、あまりリストを活用できていないのではないでしょうか？

顧客はあなたの会社の大切な資産です。

リストにはメール、ＤＭハガキ、ニュースレターなどなどを定期的に送り、常にコンタクトをとるようにしましょう。

商品を買ってもらえない理由として一番多いのは「忘れているから」です。

みなさんも経験がないでしょうか？
初めて行ったレストランで食事をして、「とても美味しい！　また来よう！」と思ったのに、それから一度も再訪することなく、いつの間にか店の場所や名前もすっかり忘れている……。

これは、そのお店のことが嫌いになったのではなく、ただ忘れているだけです。

ある日、このレストランからお食事20％オフのＤＭハガキが送られて来たとしたら、「そういえば、このお店の料理は美味しかったな。今週末にまた行ってみよう！」という気持ちになるかもしれません。

つまり思い出しさえすれば、リピート購入の可能性が高まるのです。

定期的に顧客とコミュニケーションをとり、あなたの存在を思い出してもらいましょう。そのようにして「リストの手入れ」をすることも大切です。

このほか、事例のイラストレーターがアフィリエイトで成功したように、リストへの働きかけでは必ずしも自分の会社の商品だけを扱う必要はない、ということも念頭に置いておいてください。

あなたの会社の商品ではないモノやサービスでも、あなたの会社のリストで売れるかもしれません。

新しい利益商品を見つける2つの質問

――3本の柱を実現しよう

いかがでしょうか？

強い本業を集客の材料として、そこに別の商品やサービスの提供を加えている事例は、その視点を持って周囲を見回してみれば実はものすごくたくさんあります。

事業をしていると、やはり1つの柱だけでは不安定です。

会社経営については、よく「3本の柱を持て」なんて言われるのですが、この章で紹介した事例は、まさにその柱を増やすためのアイデアです。

ぜひ、あなたの会社の本業を活かした別の商品やサービス、あるいはキャッシュポイントを見つけてみてください。

その際に役立つ2つの質問も示しておきます。

――サブスク的な仕組みをつくる

1つめは、**「継続して買ってもらえる商品やサービスはないか？」**という質問です。

最近は「サブスク（サブスクリプション）」という言葉がもてはやされていますが、この言葉はもともと、毎月定額で一定のサービスを受けられる「定期購読」のこと。

サブスクのように毎月買ってもらえればベストですが、もう少し頻度は低くても、同じように継続して買ってもらえる仕組みをつくりましょう。

・RIZAPのサプリに変わるような自社商品は何かないか？
・矢沢永吉さんのタオルに変わるような消耗品を販売できないか？

そんな視点で、自社の商品やサービスを再度点検する。続けて、自社の強みを欲している売り先も探してみてください。

お客様の悩みや願望に立ち返る

2つめは、「リストのお客様に追加で買ってもらえる商品は何かないか？」という質問です。

特に、すでに一度以上は自社の商品を買ってくれている新規客リストとリピート客リストについて考えてください。

あなたの会社の商品をご購入いただいたお客様は、こちら側によほどのミスがない限りは満足しているはず。

もし、違う悩みも解決する商品を提案できたなら、追加で購入してくれる可能性が上がります。

例えば化粧品会社の顧客リストであれば、

「シミ・シワ対策の商品を購入したお客様は、ほかには何を悩んでいるだろうか？」

健康系会社の顧客リストであれば、

「ダイエット商品を購入したお客様は、ほかには何を悩んでいるだろうか？」

このように自問自答し、お客様の抱えているであろう悩みを抽出し、その悩みを解決する新たな商品を見つけて、定期的に提案していきましょう。

総括

この章のまとめ

◉「バカ売れマーケティング」では安売りでお客様を集めたが、安売りしなくても集客できる強い商品や事業があるのなら、そこに別の儲かる商品や事業を組み合わせることでビジネスがより安定する。

◉専門的にはこの戦略を「多角化戦略」と呼ぶが、筆者は「実は私、マーケティング」と呼んでいる。

◉どんな形でキャッシュポイントを加えていくかはアイデアしだい。フランチャイズやアフィリエイトの仕組みのように、必ずしも自社の商品を売らなくてもいいし、ノウハウや知識を売ることもできる。

◉ただし、自社の本業と相性が良い商品や事業を探そう。少し専門的に言えば、「シナジー効果」が見込める商品や事業が良い。

◉リストを活用することで新たなキャッシュポイントをつくれることもある。そのためにも、リストのお客様と定期的にコミュニケーションすることが大事。

◉「継続して買ってもらえる商品は？」「自社の顧客がほかに解決したい悩みは？」の2つの質問でヒントが見えてくる。

第5章

他人の力を借りて儲ける

ジョイントベンチャー（ＪＶ）は一気に売上を増加させる最強の武器

——会計や経営の専門的なＪＶとはちょっと違う

テレビドラマにもなった、池井戸潤さんの小説『下町ロケット』（小学館）をご存知でしょうか？

小さな町工場の佃製作所が、当初は超大手企業の帝国重工からの嫌がらせに遭いながらも、ロケット事業を成功させるために最後は互いに手を組み、日本初の国産ロケットの打ち上げに挑戦する、というお話です。

小説の中で、佃製作所は企業規模は小さくとも圧倒的な技術力を誇り、帝国重工よりも優れた重要部品「バルブシステム」の特許を持っていました。そのために、超大企業である帝国重工がプライドを捨てて小さな町工場との協力関係を築きます。

小説のあらすじはともかく、こうした戦略的な業務提携のことをマーケティング用語では**「ジョイントベンチャー」**と言います。以下、省略して**「JV」**と表記します。

JVでは**相手の資産を利用したり、逆に自社の資産を提供したりすることでお互いの事業成功を目指します。**

マーケティングや経営、会計などに詳しい方は、「出資もしないと、JVではないよ」とか、「協力関係だけなら、それはアライアンスじゃないの?」といった疑問を持つかもしれませんが、ここでは少し目をつぶってください。

よりシンプルでわかりやすくするために、本書ではJVをこのように定義させていただきました。

また、ここで言う「資産」はお金やモノに限りません。

リストだったり、商品だったり、技術・ノウハウだったりと、形のあるものもないものも、さまざまな資産が想定できます。**共通の目的のために、それらをお互いに必要な範囲で提供し合うことがＪＶです。**

『下町ロケット』のＪＶでは、佃製作所においては「バルブシステムに関する技術力」が資産でした。

帝国重工でつくったシステムだけではロケットが打ち上げられないので、佃製作所と業務提携をしたのです。

結果、国産ロケットの打ち上げ成功に向けて大きく前進することができました。果たして、打ち合げの結果はいかに……！

——マーケターが絶対に忘れたくないマーケティング法

話を戻すと、ここで私が伝えたかったのは『下町ロケット』の面白さ……ではなく、**あなたの会社が持っている資産を欲しがっている企業が、必ずどこかにある**ということです。

逆に言えば、**あなたの会社が持っていない資産を持っている企業と業務提携することで、あなたの会社の企業価値を上げることもできます。**

「世界ナンバー1マーケター」の異名を持つジェイ・エイブラハムが、あらゆるマーケティング手法を忘れたとしても、JVの手法だけは忘れたくない、という内容を語ったことがあります。

JVは、それほどビジネスに大きなインパクトを与える手法です。

私自身も、もしすぐにでも自社の売上を大きくアップさせたいと思ったら、まずは「どこかとJVできないかな?」と考えます。

自社にはない資産を1からつくり上げるのには時間もお金もかかります。その時間とお金を節約するために、その資産をもうすでに持っている企業と手を組む方法を模索するわけです。

この章では、そのために必要な考え方や注意点を紹介していきます。途中で紹介する事例も参考にして、みなさんの会社の売上を飛躍的にアップさせるＪＶの戦略を練っていきましょう。

ＪＶを成功させる4つのポイント

ＪＶはとても強力なマーケティングの手法です。
しかし、上手にＪＶをするにはいくつかポイントがあります。
ここではそのポイントを４つお伝えしましょう。

――①お互いのメリットを明確にする

こちらからＪＶを提案するにしろ、相手から提案させるにせよ、**まずはお互いのメリットを明確にしてクリアに共有する必要があります。**

一方だけが得をするのは、ＪＶではありません。

元請けと下請けの関係、あるいは売り手と顧客の関係ではダメなのです。

例えば、マクドナルドの事例でも紹介したフランチャイズ形式。

有名チェーン店の看板を借りて商売するので、ＪＶを組んでいるようにも思えます。

しかしこれは、本体が提供しているフランチャイズという商品をＦＣ加盟店が買っている形なので、ＪＶとは言いづらいでしょう。

ＪＶは、２社の企業がお互いの弱みを補う組み合わせが理想です。

どんな会社とならそのような組み合わせを実現できるか、お互いのメリットを意識しながら一度考えてみると、打てる手が増えるのでお勧めです。

私自身の例で考えてみましょう。

私の事業の１つに、コピーライティング事業があるのは前述したとおりです。

このコピーライティングというスキルは当社の資産にできそうなので、試しに、「この資産を欲しがる企業がどこかにないだろうか？」と考えてみました。

思い付く端からノートに書き出していくと、私のコピーライティングスキルを欲しがる可能性がもっとも高いのは、ウェブサイトの制作会社ではないか、と推測できました。

ウェブサイト制作会社は綺麗なデザインはつくれるのですが、売れるライティングはできません。

セールスコピーのライティングのスキルがあれば、デザインに付加価値を付けられるでしょうから欲しがるはずです。

そうした状況下で、私の会社とウェブサイト制作会社の2社が手を組めば、次のようなメリットが生まれます。

【ウェブサイト製作会社にとってのメリット】

・デザインだけでなく、同時に売れるコピーも書けることで、集客に繋がるウェブサイトの制作会社として強みができる

・コピーライティング費を追加販売できるようになるので、今までより売上がアップする
・デザインだけでなく、コピーライティングという角度からも営業ができるようになる
・お客様自身がセールスコピーの原稿を書かなくてよくなるので、手間が減ったお客様から喜ばれる
・お客様からの原稿待ちで、制作が何ヶ月も遅れなくてすむ

【当社（コピーライター）にとってのメリット】
・ウェブサイト制作会社が勝手に案件を持って来てくれるので、営業しなくても定期的に仕事が来る
・ウェブサイトのデザインも同時に依頼したいお客様にも対応できるようになる
・デザイン費を追加販売できるようになるので、今までより売上がアップする
このように両社ともに他社のサービスを販売し合える、という大きなメリットが生

まれるでしょう。

こんな感じで、双方のメリットを事前に明確にして、それらをお互いが共有したうえでＪＶの提案をすることで実現の可能性が高まります。

自社と提携先のウィン・ウィン、さらにはお客様も加えたウィン・ウィン・ウィンが実現できるようになるでしょう。

──②双方の目的を理解する

メリットを共有できたら、次にお互いの目的も共有しましょう。

ＪＶによって、どんな結果を手に入れたいのか？

ＪＶをする目的を共有しておくと、２つのメリットがあります。

１つめのメリットは、**相手の目的を達成できるようにお互いが動くことで、企業間**

の関係が良くなること。

2つめのメリットは、**組むのを辞めるときにもスムーズに話し合いができる**ことです。

1つめのメリットは当たり前のことですが、2つめは意外かもしれません。

しかし実は、JVをするときに大切なポイントには、ズルズルと惰性で続けないことも含まれるのです。

例えば先ほどのウェブサイト制作会社とコピーライター（つまり私ですね）のJVでも、こんなことが起こり得ます。

「お互いに仕事を紹介し合おうという話でJVし、最低1ヶ月に1件は紹介し合おうと合意しました。

しかし、ウェブサイト制作会社のほうは月1件の紹介を毎回達成できているのに、コピーライターのほうは、これまでほとんど仕事を紹介できていません」

こうなってくると、ウェブサイト制作会社からすればＪＶを維持するモチベーションが下がります。

もちろんコピーライターである私のライティングスキルが高ければ、引き続き取引はしてくれると思いますが、同じくらいのスキルで、仕事もとって来るほかのライターがいれば、今度はそちらとＪＶしたいと思うでしょう。

そのため、最初の話し合いの際に「ウチは売上の向上が目的だから、毎月1件の相互紹介が実現できなければ、そのときはお互いにＪＶはやめましょう」などと、初めからお互いの目的を明確にできていれば、思惑と違ってしまったときにも、揉めずにＪＶを終了できるわけです。

事前に目的の共有ができていないと、お互いに疑心暗鬼になって不満を持つこともあります。相互にしっかり目的を共有しておくことで、安心してＪＶに取り組めるように努めてください。

なお、ＪＶは必ずしも売上のアップのためだけに行うものではないので、例えば

「お互いの会社における顧客サービスの向上が目的だから、紹介がない月があっても問題ない」

という取り決めであっても、お互いの会社がＯＫであれば、それはそれで構いません。

大事なのは**実際にＪＶを始める前に、相互の目的を包み隠さず話し合うこと**です。

――③相手が断れないような非常識なオファーをする

自社からＪＶを提案するときには、できるだけ自社よりも規模が大きかったり、売上が大きかったりする、**ステージが上の企業と組む**ように意識しましょう。

そういった企業とのＪＶができれば、あなたの会社の信用や認知度などが提携先に引っ張り上げられる形になり、一気に売上を拡大させられる可能性があるからです。

これを読んでいるみなさんも、できれば『下町ロケット』の帝国重工のような超大手や、自社よりも大きく有名な企業と手を組みたいと思っているでしょう。

……しかし、そういった企業はなかなか小さい会社とは組んでくれません。

ここで大切になるのが、オファー（取引条件提案）の内容です。

一番簡単なのは、「極限まで安くする」という方法。

目当ての会社との関係を一度でもつくれればリターンは大きいので、自社の利益は度外視で思いっきり安くするのです。

例えば、小さな家電メーカーが大手量販店と取引したい！と思っていても、大手量販店にはどうしても買い叩かれてしまうため、安い価格で卸さなければなりません。

知り合いの小規模メーカーさんからも、「大手に卸しても、あまり儲からない」と頭を抱える声を聞いたことがあります。

そこでつい「大手量販店に卸すのをやめる」という決断をしてしまいがちなのですが、結果、悪い方向に行ってしまうことが少なくありません。

視点を変えて見てみれば、大手量販店のような大手企業には、小さな会社にはないビジネス上の信用があります。
その大手量販店と取引をしていることで、その信用を使って営業できるようになる、という側面は確かにあるはずです。

例えば、商談のときにこんな会話ができるかもしれません。

私「おかげさまで、大手量販店の株式会社○○さんにも置いていただいています」
客「えっ！　あそこと取引されているなんて、すごいですね！」

と、一気に信用してもらえるようになります。

このとき、「○○さんにはほぼ原価で卸しているんで、ウチは全然儲かっていないんですけどねー」なんていう事実を、いちいち言う必要はありません（笑）。
取引している事実だけを伝えることで、自社の信用まで引き上げられるのです。

ＪＶでも、この効果を大いに期待して行動しましょう。

どのような形であれ、すでに社会的な信用のある企業とＪＶをすることができれば、その事実自体が大きな実績となります。

非常識なくらいに安くし、相手から見て魅力的な条件を提案することで、みなさんの会社よりもステージが上の会社も「それなら、少しくらい提携してもいいかな」とようやく思ってくれます。

そのＪＶ単体ではほとんど儲からないとしても、他の企業との取引で利益をとればいいだけです。

私は、この作戦を**「無意識的ＪＶ戦略」**と呼んでいます。

この場合、提携相手の大きな会社には、みなさんの会社とＪＶを組んでいるという意識さえないこともあります。むしろ、下請けくらいのイメージかもしれません。

しかしこちらからしたら、大きな信用を手に入れることができたＪＶです。

小さな会社の知恵と言ってもいいでしょう。

なお、このようなケースでの相互のメリットは次のようになります。

【大きな企業側のメリット】

・安く商品を仕入れられる

【小さな会社側のメリット】

・相手の信用を借りて、他社との商談に利用できる

・相手の信用を借りて、新たな客層にアピールできる

そして、もしこのような状況下で大手がさらに値引きを要求してきたり、より悪い条件を突き付けてきたりしたら、そのときは（無意識的）ＪＶを打ち切って、その企業とは手を切るようにしましょう。

そもそも、すでに思いきり安く提案しているので、それ以上の値引き等は困難ですし、そういう企業と無理に付き合ってもあまり良いことはありません。

「一生懸命頑張っているから、もっと発注するよ」と言ってくれる取引先との関係を続けるほうが有益です。

（無意識的）ＪＶを打ち切ったら、もう相手の信用を借りることができない、と心配になるかもしれませんが、**たとえ手を切ったあとでも、その効果は長く持続しますの**で安心してください。

相手が大きな会社であれば、「株式会社○○さんとの取引実績があります」と言うだけでもそれなりに信用されますし、「残念ながら、叩かれたので取引をやめました」という話をしても、信用効果は以前とほとんど変わりません。

要するに、一度相手の懐に入り込んでさえしまえば、あとは何度でも営業トークの材料として使えるようになるのです。

大切なのは、まずは大きな企業との協力関係や取引を一度でもつくること。

そのときに、オファー（取引条件提案）の内容が大切なのです。

研修講師でまだ実績の少ない方ならば、「大手企業なら1万円で研修します！」と言って、開催実績をつくってしまいましょう。

物販の会社でまだ取引先が少ないのならば、「大手企業なら500円で卸します！」と言って、取引実績をつくりましょう。

デザイナーでまだ名前が売れていない方ならば、「有名企業なら5万円で作成します！」と言って、作品の実績をつくりましょう。

誰もが知るような企業との取引実績をプロフィールに入れ、それから他社に営業しに行くことで、みなさんの会社の信用が高まり、売れやすくなります。

――④リストを手に入れる

最後のポイントは、JVの最大のメリットと言っても過言ではありません。

できる限り、新しいリストを手に入れる努力をしてください。

例えば共同セミナーやコラボイベントなどで、両社がともに集客をしている場合は、入手したリストはお互いに共有する条件を付けるようにしましょう。

組んでいる相手が大きすぎると、相手企業のお客様とは連絡先を交換してはいけないという契約を結ばされる場合があり、そのときは仕方がないのですが、それ以外であれば積極的に新規リストを獲得するように動いてください。

JVで入手したリストには、提携先の会社の名前や信用でやって来たお客様の情報が含まれています。

これらのお客様は、おそらく自分の会社だけで集客していたら接点ができなかった方たちですから、非常に貴重なのです。

私の会社でも、あるウェブサイト制作会社からご紹介いただいたお客様から、その仕事の1年後に「チラシのコピーライティング」の問い合わせをいただいたことがあります。ありがたいことに、そのまま受注となりました。

そして、このお客様からもさらに別のお客様をご紹介いただき、非常にありがたいＶＩＰ顧客となってくれました。

このようにＪＶをしたときにはリストを増やす活動も忘れずにしてください。

ただし、**その際には提携先への筋を必ずとおす**こと。

先ほどの「チラシのコピーライティング」の問い合わせのときにも、私は最初に紹介していただいたウェブサイト制作会社に一報を入れ、このまま受注してしまってよいかを確認しました。これが「筋をとおす」ということです。

返事がＯＫだったので受注しました。

こういった気遣いも必要になるので、相手から根こそぎリストを奪取しようなどとは、絶対に考えないでください。

他社の信用を借りて売上を伸ばす「少しずるい方法」

――小さな会社でも大きなチャンスをつかめる

さて、ここからは先のポイントを踏まえて、実際にうまくいったＪＶの事例をご紹介しましょう。

まずは**「無意識的ＪＶ戦略」**からです。

あなたの会社が社会的に信用が低かったり、知名度が低かったりするのであれば、ここで紹介する方法はとても大きな力になるかもしれません。

なぜなら、事業を拡大していくときにこの方法を使えると、売上を伸ばすチャンスが飛躍的にアップするからです。

特に起業して間もない一人起業家などは、ぜひともこの方法を試してみてください。私自身も起業間もない頃、この方法を使って仕事を受注し、会社を軌道に乗せることができました。まずはその私自身の事例をお伝えします。

事例

ここぞという相手には非常識な提案を　by コピーライター――

カーナビ通販のビジネスが下火になることを感じ、駆け出しのコピーライターとしての事業に主軸を切り替えた当初、私は仕事が欲しくて欲しくてたまりませんでした。営業してもあまり反応がなく、会社員時代に10年広告に関わっていたという実績も、大した強みになっていなかったからです。

私のようにコンサルティングやコピーライティングなどの無形商品を扱っていると、実績がすべてと言っても過言ではありません。

自分の価値を高め、より良い仕事を獲得するためには、先に大きな実績を手にする必要があります。

しかし、大きな実績を得るためには先に良い仕事を獲得する必要があり、卵が先か、ニワトリが先か、という矛盾に苦しめられるのです。


そこで私は、自社よりも規模が大きかったり、売上が大きかったり、ステージが上の企業とJVできないか？　と考えました。

先ほども述べたように、そういった企業とJVをできれば自社も提携相手に引っ張り上げられるように売上を拡大させられますし、そのJV自体が大きな実績になるからです。


そこで思い付いたのが、ある有名講師（仮名　高木先生）とのJVでした。

高木先生は、主にウェブサイトでの集客を通じて大きな売上を上げており、そのウェブサイトのセールスコピーを「私が書いた」と営業時に言うことができれば、ほかの仕事にも繋がるのではないか？　と考えたわけです。

私は高木先生に近付くために、まず先生が販売しているメニューの中でも一番高い個別コンサルティング（300万円！）を申し込みました。

その個別コンサルのときに、「高木先生のウェブページのセールスコピーを私に書かせてください！　無料でもいいので!!!」と、相手が断れないような非常識なオファーをしたのです。

高木先生にとって、私はすでに300万円も支払っている顧客でもあるので、このオファーは断られないだろう、という思惑ももちろんありました。

結果、快諾いただいて、ある案件のウェブサイトのコピーライティングを任されました。

高木先生はただコピーライティングを依頼しただけで、私の会社とＪＶしたつもりはまったくなかったようですが、これは私にとっては立派なＪＶです。そう、無意識的ＪＶの成立です。

そして幸先の良いことに、そのウェブページから1億円以上の売上が立ったのでした。

この実績を手に入れたことで、コピーライターとしての私の営業活動は格段にラクになりました。私のことは知らなくても、すでに著名な高木先生のことは知っている、という人がたくさんいます。

「私は高木先生の外注コピーライターでして、売上1億円以上のサイトのお手伝いもしました」という営業トークを自由に使えるようになったのです。

その営業トークでも仕事がとれましたし、高木先生の教え子さんたちも次々に私に依頼してくれるようになり、仕事がどんどん増えていきました。

仕事がとれすぎて、徹夜でライティングしたことも何度かあるほどです（笑）。

投資額の300万円も、すぐに回収できました。

無意識的ＪＶがハマると、ここまで効果があるのかと自分でもびっくりした事例でした。

――相手の懐に入り込め！

……いかがでしょうか？

ＪＶの中でもお勧めの「無意識的ＪＶ戦略」の実践の仕方をイメージしていただけたでしょうか。

ポイントは**「他人の信用を借りて、自分の信用を高めるＪＶを仕掛ける」**ことです。

それには相手が断れないような状況をつくったり、非常識なオファーをしたりすることも大切になります。

私の場合は、

・すでに３００万円を支払ったＶＩＰ顧客という断りにくい状況

・セールスコピーを無料で書くとまで言われ、断りにくいオファー

この2つで勝負し、結果、成功しました。

自分よりステージが上の相手の信用や実績を借りる権利を手に入れるためには、まずは一度でも相手の懐に入り込まなければなりません。

それには、言葉は悪いですがどんな手を使っても入り込む！　というくらいの覚悟が必要です。

相手の高額商品を先に買って上客になるというのも、比較的取り組みやすい手段の1つとしてお勧めできますし、ほかにも上場企業なら株主になってみるとか、人脈を利用するなど、さまざまな方法が考えられるでしょう。

そして一度相手の懐に入り込んで関係をつくり、無意識的にでもJVの実績を手にしたら、それを自社の営業トークの材料としていくのです。

先ほどの私の事例で言えば、高木先生ご本人からさらに仕事をもらおうとするのではなく、高木先生のことを信用している人たちや周辺の企業に営業することで、より高い確率で仕事をゲットできるようになるでしょう。

他社の優れたサービスを商品にして儲ける

4章で、本業を集客に使って、別のキャッシュポイントをつくって儲ける手法を紹介しましたが、JVについてもその方法を応用することで利益を上げられる場合があります。

ポイントだけ先にお伝えすると、JVで応用する場合には、**自社の商品ではなく、他社の商品で儲ける**ことを意識します。

もっともオーソドックスなJV手法と言えるかもしれません。

――消費者としてのあなたの経験もヒント

世の中には優れた商品を持っている企業がたくさんあります。

それらの優れた他社商品を自社の販売メニューに取り入れることで、上手に利益を出すことができます。

みなさんが実際に購入して満足したことのある商品をイメージしてみてください。そのうえで、そのモノやサービスをあなたの会社の商品にもできないか？　と考えてみましょう。

・あなたがよく行く飲食店

・あなたが今使っている携帯電話

・あなたがジムでお世話になっているパーソナルトレーナー　……などなど

なんでも構いませんから、常識をいったん取り払って、自社商品にできるかどうか考えてみることが非常に大切です。

なぜならこの思考こそが、マーケターがするべき思考だからです。

「お前のものは俺のもの。俺のものは俺のもの」


ドラえもんに出てくるジャイアンの名言（？）ですが、まさにこの発想が大切です。

常識外れなことを考えるには、普通なら考えないことを考えなければなりません。


仮にあなたがペンキ屋さんだとしたら、どうすれば人気のラーメンを自社の販売メニューに組み込めるだろう？　と、このくらいぶっ飛んだ考え方をしてもいいのです。

そこから良いアイディアが生まれるかもしれません。

そして、ここで勘違いしていただきたくないのが、できるだけ「ただの紹介」にしないことです。

つまり、**あなたの商品にする**ということ。


例えば、パーソナルトレーニングのサービスを商品化したいとします。

単純にトレーナーの方とお客様をお繋ぎするだけでも、最低限はＯＫなのですが、お客様がトレーナーの方に直接お金を払うのであれば、これは「ただの紹介」にすぎません。

そうではなく、あなたがお客様と紹介先の間に入り、最初はあなたがお金を受け取ることで、あなたの会社も売上が上がるようになります。

前述したように、コピーライターとしての私は、ウェブサイトの制作会社とお客様をお繋ぎすることがありますが、それが「ただの紹介」となってしまってはあまり旨味がありません。

実際には私が間に入る形にして、ウェブサイトの制作業務についても私がお客様に見積もりを出しています。

もちろん、そうすることで最後まで面倒を見る責任も生じますので、もし紹介先の仕事についてお客様からクレームが上がってきたら、それを謝罪するのは私ですし、その対応をするのも私になるわけです。

責任は生じますが、その分が利益にも繋がりますし、責任を持ってより良いサービスを提供できる利点もあるでしょう。

事例

広告運用会社と組んで売上アップ by ウェブサイト制作会社――

あるウェブサイト制作会社の事例です。

その会社ではウェブサイトの制作依頼を請け負っているのですが、ときどきお客様から、「ウェブサイトの制作と合わせて、広告の運用もお任せできませんか?」という問い合わせがあるそうです。

自社では請けられないので、広告運用の会社を紹介していたのですが、ウェブでの広告を本格的に運用すると、ウェブサイトのデザインやコピーを頻繁に変えることになります。

結局、広告運用の会社からデザインやコピーについての修正連絡があり、その指示に応じてウェブサイトをつくり直すことが少なくありませんでした。

それなら広告運用も自社で受注できないか? ということになり、広告運用のサービスも提供することにしました。

ところで、ウェブ広告の運用費はなんとなく相場が決まっています。

・アカウント構築などの初期費用(イニシャルコスト)として10万円
・運用費用(ランニングコスト)として、かけた広告費の20%

というのが大体の相場です。

このウェブサイト制作会社がどこで利益を生み出そうか考え、出した答えはイニシャルコストの部分でした。

ランニングコストのほうは発注元の広告費しだいで毎月の報酬が変化するので、そこを主なキャッシュポイントにするのは避け、イニシャルコストに3万円を上乗せして13万円にしました。

さらに、デザインやコピーを何度でも修正できるサービスを月3万円で提供することにしました。

これにより、広告運用会社を紹介していたときにはなかった統合サービスが誕生したのです。

お客様にとっては、支払い先が1社になることや、窓口が1つになることでわかりやすくなり、細かい相談もしやすくなるメリットがあります。

結果として、案件1件当たりの売上は16万円アップしました。

しかも広告運用を受注している間は、毎月3万円がずっと売上として入ってきます。

別の会社の商品も自社商品として考えることで、売上を向上させると同時にサブスクモデルも手に入れた、という事例です。

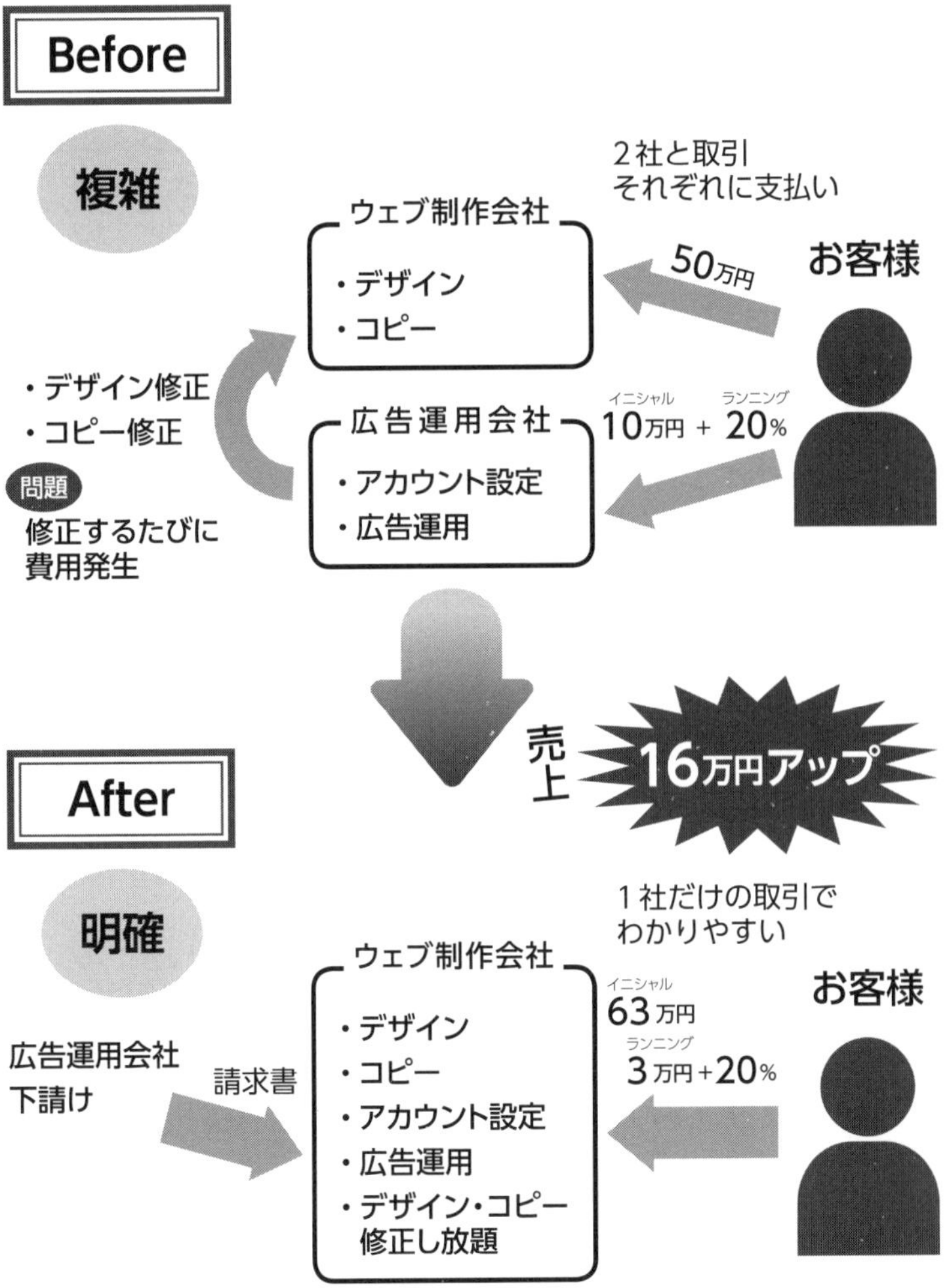
Before
複雑
2社と取引
それぞれに支払い
ウェブ制作会社
・デザイン
・コピー
50万円
お客様
・デザイン修正
・コピー修正
問題
修正するたびに
費用発生
広告運用会社
・アカウント設定
・広告運用
イニシャル
10万円 +
ランニング
20%
売上
16万円アップ
After
明確
1社だけの取引で
わかりやすい
ウェブ制作会社
・デザイン
・コピー
・アカウント設定
・広告運用
・デザイン・コピー
修正し放題
広告運用会社
下請け
請求書
イニシャル
63万円
ランニング
3万円+20%
お客様

いかがでしょうか？

ＪＶで大切なポイントとして、提携した企業だけでなくお客様にもメリットになる組み方でないと、発展していくのは難しいということをしっかり意識してください。

事例に挙げたウェブサイト制作会社も、お客様のニーズとそこから生まれる問題点に着目し、それらを解決するためのサービスをつくり上げたからこそ成功しました。

ただ単に利益だけを追い求め、自分たちの都合だけでサービスを提供すると評判低下に繋がりますので、注意してください。

事例

他社の信用を商品に取り入れて、バカ売れサービスをつくった物販コンサルタント

――大手企業との取引はそれ自体がお宝

他社の信用を利用して上手に売上をアップさせている、私の女性クライアントの事例もご紹介します。

他社の信用をフル活用してバカ売れに by 物販コンサル――

彼女の会社は、海外で見つけた商品を輸入して日本で販売するという、輸入物販のビジネスをしています。

いくつかの商品を仕入れているのですが、その内のある商品が大手量販店の目に止まりました。

「ゆいクッション」という珍しい形のクッションで、網目状になったクッションでした（写真参照）。

このクッションがきっかけで、彼女は誰もが知る大手量販店との取引を開始することができました。

しかしこのときはまだ、彼女はこの取引の重要性に気付いていませんでした。

しばらくして、同業者と話をしていると、

「あの量販店と取引しているの？　それはすごい！」

「ウチにも、その量販店を紹介してもらえないか？」

などと言われることが増えたそうで、ここで彼女は、大手

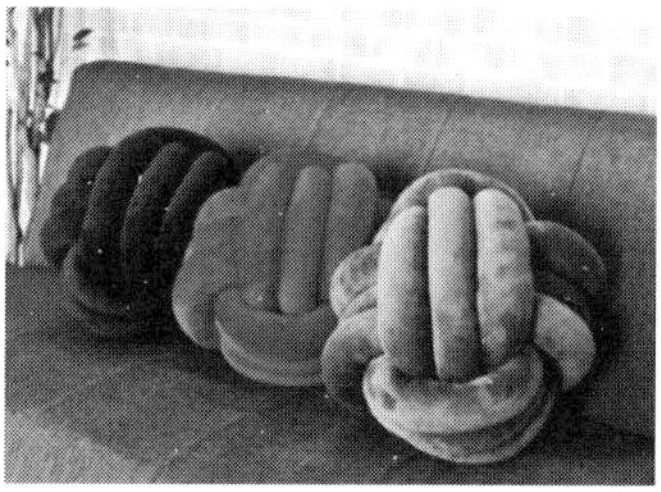

量販店の担当者と直接商談ができる自身の価値に気付きました。そして、その過程で自分の会社も儲けられないか？

「販路拡大に困っている同業者を助けることはできないか？」

そう考えた彼女は、さまざまな商品のメーカーと、件の大手家電量販店をはじめとする各社のバイヤーや、問屋などを繋ぐコンサルティングサービスを思い付き、早速取り組み始めました。

良い商品を持っているメーカーはたくさんありますが、その多くがどうやって販路を拡大したらいいかわからないと悩んでいます。

特に大手量販店には売り込む方法がわからない、敷居が高い、と悩んでいます。

一方で、量販店のバイヤーは常に新しい商品や面白い商品を探しています。

この間に入ってうまく商談にまで繋げられれば、ウィン・ウィン・ウィンな関係をつくれるでしょう。

もちろん、バイヤーが実際に商品を仕入れてくれるかどうかは事前にはわかりませんが、量販店のバイヤーとの交渉の場につけること、バイヤーの名刺を手に入れられることの価値は、物販をしている方には広くご理解いただけるはずです。

彼女がこのサービスを商品メーカーに提供し始めたところ、あっという間に数十社の申し込みがあったそうです。

今では忙しくなりすぎて、このサービスをやめようか迷っているとさえ言っていました（笑）。

そして、このサービスがそれだけの人気を博したのは、やはり大手量販店の信用があったからです。

彼女の会社には大手量販店との取引実績があるので、それを武器にして営業トークをし、コンサルティングの商談を成功させています。

メーカーとバイヤーの悩みを明確化し、その両方を解消するサービスを提供しているので、とても良いサービスになっています。

――必ずしも今ある商品を売る必要はない

この事例で、私があなたにお伝えしたかったことは次の2点です。

1つめは、**取引実績はあなたの会社の大きな強みになる**ということ。

2つめに、**あなたの人脈や取引先を紹介することも、ビジネスになり得る**ということです。

すでに業界の大手企業と取引があるのであれば、コンサルタント事業をつくって、他社とその大手企業を繋ぐこともできます。

まだそういった企業との取引実績がなければ、断れないオファーを使って、まずは相手の懐に入るチャレンジをしてみてください。

あなたの会社よりもステージが上の企業とJVすることは、あなたの会社の売上に大きな大きなインパクトを与えるでしょう。

この世にある商品やサービスは、すべて私の商品やサービスである

——商売ではのび太ではなくジャイアンになれ

いろいろとお伝えしてきましたが、この章で私が一番伝えたかった考え方は、**「この世にある商品やサービスは、すべて私の商品やサービスである」**という考え方です。

先ほどは、ジャイアンの名言にたとえて紹介しました。

マーケターは優れた商品やサービスを見つけたら、それを自社にも取り入れられないか？　自社でも取り扱いできないか？　と考えます。

無理に似たような新商品をつくる必要はありません。

それだと時間もかかりますし、売れるかわからないためリスクとなります。

それよりも、他社の優れた商品をそのまま使って利益を出す方法を考えたほうが、ローリスクで素早く収益化できます。

「優れた他社の商品やサービスは、私の優れた商品やサービスでもある」

このジャイアン思考から生まれたマーケティングを、**「ヤドカリ式マーケティング」**と私は呼んでいます。

なぜ、ヤドカリなのか？

ヤドカリの多くは、成長に伴い小さな貝殻（家）からより大きな別の貝殻（家）に移っていきます。ときには、別のヤドカリがすでに使っている貝殻を奪って使うことさえあります。

まさに、ここでご紹介するマーケティングはそんなイメージなのです。

ヤドカリは今持っている貝殻だけが家なのではなく、他人（他ヤドカリ？）の家にも自分は住むことができると理解しています。

この思考を人間も持っておくと、ビジネスの幅が広がっていきます（相手から奪う必要まではありませんが！）。

「今すでにある事業だけでなく、他人の事業も自分の事業にできる」

時代の変化に対応するという意味でも、「ヤドカリ式マーケティング」は非常に重要な考え方になるでしょう。

――ライバルさえも自分のパートナーだと考える

ライバル会社や同業他社などは敵視しがちですが、私は優れたパートナーだという思いで見ています。

なぜなら**優れた同業と手を組んでビジネスを前に進めたほうが、良い結果が出ることが多い**からです。

特に資本の少ない中小企業は、そうやって他社の力を借りていくほうがメリットになることが多いです。

『下町ロケット』は小説なので、すんなり手を組んでしまったら面白くなく、最初は帝国重工が佃工務店に意地悪をしました。しかし現実の世界だったら、帝国重工も意地悪することなく、お互いの優れたところを分業して目標に向かってさっさと一緒に歩んでいたことでしょう。

ぜひみなさんも「この世にある商品やサービスは、すべて私の商品やサービスである」という考え方で他社を見てください。

そしてあなたの会社に必要な技術だったり、顧客リストを持っていたりする企業に、

・どういうオファーをすれば組んで仕事をしてもらえるか?
・どうすれば、自社と仕事をしたいと思ってもらえるか?

そんなことを考えながら日々を過ごしてください。そうすれば、必ず魅力的な商品やサービスを持っている提携企業を見つけることができるでしょう。

この章のまとめ

- ＪＶ（ジョイントベンチャー）は大企業だけが使える手法ではない。小さな会社でも他社と上手に協業することで、現在の実力以上の売上や集客の獲得、信用力の向上などを図れる。
- ＪＶをする際には、お互いのメリットや目的を事前にしっかり把握してから始めること。ここができていないと失敗しやすい。
- ＪＶをするときには、可能な限りリストも共有できるようにする。
- 大手企業相手の「無意識的ＪＶ戦略」では、先方は一般の取引としか思っていないこともある。それでも、絶大なメリットがある。
- 自社より大きな相手と提携したいときには、先行投資もして相手の懐に入ったうえで、絶対に断られないくらいに相手にとって有利な提案をしよう。それでも、のちのち得られるメリットのほうが大きいことが多い。
- 優れた商品を持っている他社があるなら、その商品を自社で仕入れたり、提携先として紹介したりして、自社の商品としても売れないか考えてみる。

◉無意識的ＪＶ戦略では、大手企業との取引実績自体が武器になる。営業トークに組み込んで、別の会社との商談を有利に進めよう。

第6章

常連には訳あり品を売れ

すぐに売上や現金が欲しいときの販促ワザ

――そういうときもありますよね……

さて、この最後の章では、リピート客を上手に利用してすぐに売上を上げ、現金収入に直結させる方法をお伝えします。

事業をしていると、資金繰りの関係ですぐに現金が欲しい、というときが絶対にあります。

そんなときに有効なのが、リピート客に助けを求めることです。

助けを求めると言っても、もちろん「資金繰りが悪いので、現金をください！」とストレートにお願いするわけではありません（笑）。

リピート客だけを対象に、商品やサービスを安く販売するのです。

例えば、

【VIP会員様限定、現金特価セール！】

↓支払いは現金だけ。ただし、いつもの価格よりさらに20％オフ。

【お得意様だけ！ まとめ買いキャンペーン！】

↓まとめて5個買っていただくと、通常価格の20％オフ。

【前入金すると施工料が10％オフ！】

↓作業は来月でも、今月入金していただければ10％オフ。

こんな感じで、リピート客だけを対象に支払い条件付きで安くしたり、購入条件付きで安くしたりすることで、まとまったお金をすぐに手に入れることができます。

なお、現金が欲しいのにカード払いＯＫにしてしまったら意味がありませんから、こういった安売りセールは、当初の目的をきっちり達成できる仕組みを事前に考えたうえで実施するようにしてください。

そしてただ単に安売りをするのではなく、**あくまでリピート客だけを対象にお得な販売機会を提供することがポイント**です。

――高確率で、安全に売上＆現金ゲット

リピート客は、すでに２回以上あなたの会社の商品を購入しているので、以前の買い物に満足していれば、安売りセールなどの案内に反応してくれます。

新規客よりも実際に買ってくれる確率が高いのです。

現金がすぐに欲しいときには、そうしたより購買確率の高いお客様に販売していくと効率よく入金に繋げられます。

また、リピート客だけに販売する理由はそれだけではありません。

新規客も購入できるようにしてしまうと、セールスの提案の価値やありがたみを下げてしまうからです。

VIP顧客や会員でもなんでもない新規客や、さらには見込み客にまで安売りの提案を多用すると、お客様は「いつでもその値段で買えるだろう」と考えるようになります。

「もう少しすれば、また安くなるだろう」と思われてしまうようになるので、限定セールや安売りへの反応率そのものが悪化しかねません。


セールスの提案の価値やありがたみを下げずに現金が欲しい場合には、オープンな場で安売りするのではなく、クローズドの場、つまりは会員限定やDM限定など、一部のリピート客にしか買えない形で働きかけをするといいのです。

そうすることで、会員などで居続けることの価値も高くなりますし、セール等への反応率が悪化することも避けられます。

福袋にして安く販売する

――伝統的な手法だがまだまだ使える！

私たち人間には、**「隠されると見たくなる」**という心理欲求があります。
その心理を使って販売量を増やす手法が福袋です。

福袋は、何が入っているかわからない代わりに、とてもお得な商品が購入できるというシステムです。

かつては限られた業種だけが福袋を作成していましたが、最近ではさまざまな業種の会社が福袋をつくっています。みなさんの会社でも、もしまだつくっていないのであれば、前例や慣例にとらわれずに福袋をつくってみましょう。

ちなみに、すぐに現金が欲しいなどの事情があれば、「現金特価・福袋」にするなどの工夫もできます。

いずれにせよ、この伝統的なマーケティング手法をまだ使っていないのであれば、使わないのは損でしょう！

そして福袋をつくったら、リピート客に対して優先してお知らせしたり、予約を受け付けたりすることで特別扱いします。これにより、ある程度の販売数の確保もできるはずです。

――福袋はマーケティング手法の集大成

福袋をたくさん売るためのコツがいくつかありますので、ご紹介します。

お客様の満足感や客寄せのために「目玉商品」をつくる

含まれる商品の中に、「この値段で、これを買えるだけでもお得だよね？」という目玉商品を1つか2つはつくっておくのが、福袋を成功させる第一のコツです。

こうした目玉商品がないと、買ったお客様が失望してしまうので、それ以降、福袋のみならず通常の商品まで買ってくれなくなるかもしれません。

逆に、しっかりした目玉商品が用意できているなら、ときどき見かける「中身をあらかじめ公開した福袋」を売り出す選択もできます。

在庫品が多くなりすぎないように注意する

そして、そうした商品が1つ、あるいは2つあれば、あとはすでに社内や店内にある不動在庫や不良在庫を多少混ぜても問題ありません。

売上が立ち、在庫も減らせるので一石二鳥です。

ただし、在庫商品ばかりだとひと目でわかるような構成だと、あとからクレームになったり、口コミが悪化したりするので、在庫商品の割合には気を付けてください。

全体的に「まぁ、使えない商品もあるけど、これとこれがこの値段ならお得かな」

とお客様が感じるように、商品数や在庫商品の割合を調整してください。

3種類つくる

福袋は3種類を用意することをお勧めします。

・松　1万円
・竹　5000円
・梅　3000円

こんな感じに3つの福袋をつくることで、お客様は選ぶ楽しみが膨らみ、購買意欲が高まります。

また、マーケティングでは超有名な「松竹梅理論（ゴルディロックス効果）」によって、松2：竹5：梅2の割合で売れることが多いので、最初に真ん中の竹の福袋に「この値段で売りたい」という値付けをし、そのあと上の松と下の梅に値段を付けるようにします。
こうすることで最低限の利益を確保し、安売りしすぎないようにできます。
とはいえ、福袋ですから、ある程度は思いきった値付けを意識してください。

数量限定でお得感をさらに引き出す

そして、必ず数量限定にしてください。
こうすることで季節感や限定感を出せて、よりお客様の購買意欲を高められます。
リピート客向けの限定販売にする手もあります。

年末年始以外にも売る

時期については、ご存知のとおり福袋は通常、年末から年始にかけての季節商品です。しかし最近では通年で提供している会社も増えてきていますから、みなさんの会社でも時期に関わらず販売していきましょう。

この話をすると、「福袋には正月の初売りのイメージがあるので、それ以外の季節には売れないのでは？」という質問をよくいただくのですが、そんなことはありません。

実際に私は、過去に真夏に福袋を販売した経験もありますが、よく売れました。

お客様は「福袋＝正月」という方程式はどうでも良くて、お得に買い物できさえすればOKなのですから、いつ販売しても構わないのです。

それでも心配であれば、年末年始以外の時期には「お楽しみセット」とか「お任せセット」などに名称変更する対応法もあります。

――モノがなくても福袋はできる

みなさんの会社の商品が、モノではなくサービスなどの形のない無形商品の場合でも、福袋は問題なくつくれます。

例えばコンサルティングであれば、

・松　2時間コンサル　5万円

・竹　1・5時間コンサル　3万円

・梅　1時間コンサル　1万円

というメニューで3種類の福袋をつくれます。

あとは物販の場合の福袋成功のコツと同じです。

訳あり品で売上をつくる

――自分で訳ありにしたって構わない

売上向上と現金獲得に即効性があるテクニックとして、訳あり品を販売する方法もあります。

正直に「訳あり品だから特別に安くします！」と掲げることによって、お客様も値下げに納得し、商品の価値を下げることがありません。

一方で「訳あり品が大好き！」というお客様は非常に多いので、売上もつくりやすい方法です。

今だから話せますが、カーナビ通販の事業をしていてどうしてもすぐに売上が欲しいときには、「パッケージが破損しているので安くします！」と宣伝して、自分で箱を殴って少しだけ凹ませた商品を売っていました（笑）。

箱に傷があっても、中身は新品なのでお客様は喜んで購入してくださいました。

ただし、こうした訳あり品の提案は、見込み客や新規客にするのではなく、できる限り常連さん、つまりはリピート客に限定して告知することをお勧めします。

リピート客だけにこういう特価品やセール品の情報が送られてくるからこそ、リピート客はお店や会社のファンでいてくれるからです。

会社には現金が入ってきますし、お客様が自店や自社のファンになってくれます。お客様にとっても、目当ての商品を安く買えるのでウィン・ウィンの手法です。

事例

数は少ないので工夫して提供 by 某通販会社

ある通販会社では、訳ありのカニの脚だけを販売して、人気商品にしていました。

カニ漁では、水揚げから加工・商品流通の過程で一定割合のカニの脚が折れてしまいます。脚が折れてしまったカニ本体は商品としての価値が下がってしまいますし、折れた脚自体もオマケ的な扱いに変わってしまいます。

そこに目を付けたある通販会社は、折れた脚だけを安く仕入れて「訳あり品」として販売することで大成功を収めました。

ただし一般のお客様に出せるほどの量は用意できないため、自社のメールマガジンに登録しているお客様にしか販売していないようでした。

カニが好きな人にとっては、折れた脚であっても特に味は変わらないわけですから、安く購入できるならお得ですよね。胴体部分は少し食べづらいので、脚だけ食べたい、というニーズもあったようです。

結果として、訳ありで安売りされる理由も納得できるものですから、脚が折れていない正規のカニの価値を下げることにもなりませんでした。

メールマガジンの読者というリピート客へ特別な提案もでき、これらのお客様のファン化にも成功しました。

商品自体も入荷しだいすぐに売り切れとなる人気商品になり、売上にも大いに貢献したことでしょう。

このように訳あり商品はさまざまなメリットを同時に追求できる、非常に役立つマーケティングの手法です。

みなさんの会社の商品でも、ちょっとした不良やパッケージ破損などで廃棄している商品や、商品の製造過程で出てくる切れ端などを商品化できないか、一度見直してみることをお勧めします。

それによって新しい人気商品をつくり出せる可能性があります。

——高級路線の場合は熟慮してから

なお、たとえ訳あり商品でも、商品の基本的な品質や価値を減らしてしまうものについてはあまりお客様に支持されず、場合によっては自社のブランドなどを傷付けることもあるので注意してください。

例えば賞味期限が近付いた商品や、製造過程での切れ端などを一種の「訳あり商品」として販売するのは食品関係ではよくある手法ですが、これを高級路線のお店がやってしまうと、ブランドを低下させたり、リピート客の一部が離れたりしてしまう危険性があるのは想像していただけるでしょう。

訳あり商品も万能というわけではありませんから、自社の路線なども踏まえて、高級路線の場合には少し慎重に判断するようにしてください。

リピート客だけ優遇するとファンとして定着する

――自分だけ特別待遇されると誰だって嬉しい

ここまでご紹介してきた限定セールのお知らせや福袋、訳あり品などをリピート客に限定して提供すると、みなさんの会社や商品のファンをつくることに繋がります。

これは、ビジネスを安定させるうえで非常に効果的です。

「安く手に入るなら見栄えなんて構わない！」というお客様もいますし、常連客にしか案内が来ないといった「ＶＩＰ待遇」に特に満足してくれるお客様もいます。

いずれにせよ、こうした特別待遇によってリピート客のファン化ができると、そうしたお客様は特別なセールなどの案内を待ち遠しく思うようになります。ＤＭやメールマガジンなども、しっかりチェックしてくれるようになるでしょう。

普通は手に入らない特別な情報を手に入れられることで、顧客満足度は上がります。**希少性を売っていくマーケティング戦略**です。

リピート客は、常に特別扱いをされたいと思っています。

見込み客を新規客にするための安売りは必要ですが、それだけではリピート客に特別感を与えられません。

リピート客からしてみれば、「常連になってあげている自分には特別扱いがないのに、新規客にばかり安売りの機会を提供するのか……」と感じられて、離れてしまうきっかけにもなりますので気を付けましょう。

1章でもお伝えしましたが、パレートの法則というものがあります。

「全体の数値の8割は、全体の構成要素のうち2割の要素が生み出している」という法則のことです。

これを会社の売上に当てはめれば、「2割の顧客が、8割の売上をもたらしている」ことになります。

この2割の顧客こそ、リピート客です。

リピート客は大切にして、いつまでもみなさんの会社や商品のファンでいてもらうよう、どんどん特別扱いすることです。

安売りするときに大切な「理由付け」

――「安かろう悪かろう」では買ってくれない

支払い条件で安くしたり、購入条件で安くしたりと、安売りをして代わりに現金を手にする方法をいくつかお伝えしてきましたが、安売りするときには気を付けなければいけないこともあります。

それは、**「安くするときに必ず理由を付ける」**ことです。

人は理由がなく安売りされていると不安になり、例えば以下のように考えがちです。

「どうして、今までは安くしていなかった商品まで安くなっているのだろう?」

「もしかして変な商品をつかまされるのでは？」

このように感じている顧客に商品を売るのは簡単ではありません。

しかし、**人は安売りに理由がないと不安になりますが、理由があれば納得するという購買心理**も持っています。

会社としては、本当は早く現金が欲しいだけかもしれませんが、そこは嘘でも理由をつくるようにしましょう。

「今月は社長の誕生日なので、お得意様限定セールを開催します！」

「息子の受験がうまくいって気分がいいので、3日間だけ商品を20％オフにします！」

このように、大した理由でなくても、理由があれば人は納得するのです。

「なるほど、そういう理由かぁ」と（笑）。

理由に納得しさえすれば、お客様は安売りの機会に素直に反応してくれます。

――最後の手段でストレートにヘルプ！

こうした安売りの理由は本当になんでも良く、ときには利己的なものでも構わないことを示した事例がありますので紹介しておきます。

事例

思いきってファンに素直にお願いする by 某ステーキ会社――

あえて名前は伏せますが、ある有名なステーキ会社が一時期、経営不振に陥って、資金繰りに現金が必要になったことがありました。

そこでその会社は、店頭に「助けてください！ このままだと倒産します！」といった内容の張り紙をいきなり提示しました。

このケースでは同時に安売りをしたわけではなかったようですが、そのステーキ店のリピート客などのファンがお店の危機を救おうと多数来店して、急激に売上が伸びました。

その現金収入は資金繰りにも大いに役立ったはずです。

また、その事実がニュースなどにも取り上げられたほか、SNSでも拡散され、大きな宣伝効果も実現することができました。

これは本当に「最後の最後の手段」に関する事例ですが、ファン化できているリピート客がたくさんいれば、危ないときにはそのリピート客から一時的にお金を集めることもできるのです。

もちろんファンあっての会社ですから、その際には感謝の気持ちを忘れないでくださいね。

みなさんの会社でも、「今月の資金繰りが危なくて現金が欲しいので、現金特価セールをやります!」と正直に伝えたら、もしかしたらバカ売れするかもしれません。

ただし、それには大勢のファンが必要なほか、信用不安を拡散してしまうリスクもあります。よ~く考えてから実行するようにしてください。

先行限定販売でテストマーケティングもできる

――売れゆきが悪かったら、一般販売の取りやめも可能

リピート客はあなたの会社の常連客ですから、新商品や新しいサービスメニューをつくったときにも、まずはリピート客に販売してみてください。

あなたの会社をよく知っているリピート客が買わないものは、新規客もおそらく買ってくれません。

先にリピート客に限定販売することで、テストマーケティングができるというわけです。

もしリピート客への限定先行販売での売れゆきが悪かったら、一般向けの販売を延

期してしまえばダメージは減ります。

特に在庫を大量につくってから売れなかったら大きなダメージになりますから、そういうリスクがあるときには、このテストマーケティングをぜひ実践してください。

——大量の在庫を抱えることを予防できる

リピート客に先行限定販売するときには、次の2つのポイントに気を付けてください。

1つめは、**できるだけ予約販売にする**こと。

まだ売れるかわからない商品の在庫を、大量に抱えてしまっては大きなリスクになります。そこで、まずは大量製造をせず、リピート客への予約販売だけにして様子を見ます。

予算や製造費などとの兼ね合いで、予約で100個売れたら一般販売するとか、50個売れなかったら一般販売はやめるなど、基準をあらかじめつくっておくと比較的冷静に判断できるようになります。

なお、予約の先行限定販売の時点では、まだ商品を使ったことがない人に売ることになりますから、売れない場合にはその新商品の良さがお客様にうまく伝わっていないということです。

その商品のベネフィットがよくわからなかったり、購入後の未来が見えなかったりする状態です。

広告の方法や訴求ポイントを変更して何度かチャレンジすることで、どんなふうに売れば買ってもらえるのか模索することもできるでしょう。

そして、それによって正しい売り方がわかれば、一般販売に踏みきれることもあります。

一方で、何度か違う方法で試してもやはり売れないのであれば、その商品の製造や仕入れ、あるいは販売を取りやめることで、あらかじめ被害を小さくできるというわけです。

――リピート客からの率直な意見が広告に効く

2つめは、**先行限定販売で買ってくれたリピート客にアンケートなどをして、「お客様の声」を集める**ことです。

一般向けの販売よりも早く、限定的に安く提供する条件としてアンケートへの回答を義務付ける方法もあります。

そうして集めた率直な意見を、お客様の声として会社のウェブサイトや販売ページに掲載させてもらうことも、あらかじめ条件に入れておきましょう（販売サイトのレビュー記入を条件にしても良いでしょう）。

新商品や実績のない事業では、まずは最大限、お客様の声を集めるべきです。「その商品を使うとどうなるのか」を第三者であるお客様が語ることで、商品の信頼性は大きく増します。

広告は会社が自分でアピールする情報ですが、お客様からの声は客観的な情報で比較的信用できる、と考える消費者が多いからです。

さらに折込チラシやインターネット上のランディングページなど、商品の広告を出すときにはそうして集めたお客様の声も必ず入れるようにしましょう。

「お客様の声が載っていない広告は売れない」と思ってもらっても構いません。

そのくらい、大切なものです。

リピート客への先行限定販売でテストマーケティングをするときに、お客様の声をたくさん獲得してください。

首尾よく一般販売を始める際に、30人のリピート客の声が掲載されている広告と、1つも載っていない広告では、新規客の反応には雲泥の差が出るでしょう。

総括

この章のまとめ

◉リピート客は即金や即売上が欲しいときに最適な働きかけの対象。VIP客限定セールやお得意様限定セールのお知らせをすれば、高確率で売上&キャッシュを手にできる。

◉福袋をつくるのは伝統的な手法だが、今も有効なマーケティング法。さまざまな工夫ができるので、まだつくっていないのならつくってみる。年末年始に限らず、1年中売れる。

◉訳あり品をリピート客だけに販売することで、手堅く売上をつくることもできる。

◉限定セールや訳あり品の販売などでリピート客を特別扱いするときは、安売りする理由をしっかり設定することが大切。理由の内容自体はなんでもいいが、理由がないとお客様の疑心暗鬼を生み、自社の商品全体の価値やありがたみの減少、あるいはブランドの毀損を招きかねない。

◉新商品の開発時には、リピート客に先行&限定の予約販売をすることで、手軽にテストマーケティングができる。その際には、「お客様の声」も集めて、一般販売時の広告などに活用する。

おわりに

本書で紹介している「非常識な儲け方」の事例は、書籍やニュースなどから紹介したものもありますが、私が長年、マーケティング業界で働いてきた中で見聞きした事例や、マーケティングのセミナーで教わった事例、私自身の会社で実際に経験・実践した事例、私のクライアントが実践してうまくいった事例など、多彩な事例となるように意識して紹介してきました。

その意図は冒頭でもお話したように、**結局、一番役に立つのは他社の成功事例**だと思っているからです。

本書を読むみなさんが「あ、これは自分の会社でも使えるな・参考になるな」と思ってもらえた事例がたくさんあったことを、また、みなさんの日々の業務で「パクれるな」と感じたアイデアが1つでもあったことを願っています。

本文中でも述べていますが、私は会社員時代、ある大手カー用品店のマーケティング部に所属していました。

そこであらゆる販売促進の施策を叩き込まれたあと、独立。

独立後は、最初にカーナビ通販事業、その後にウェブサイト制作事業やコピーライティング事業、さらにマーケティング・コンサルティング事業と、さまざまな事業をゼロからいくつも立ち上げてきました。

その成長の過程で、私自身も他社の成功事例を大いに参考にしてきました。

「この手法を、ウチの会社に取り入れるにはどうすればいいのだろうか?」という思考を何度も繰り返してきました。

今も、同じことを繰り返しています。

「非常識な儲け方」を実現するマーケティング脳は、毎日の思考から育ちます。

本書を読んでいただいたのならぜひ1つは手法をマネして、みなさんの職場でも実践して欲しいという思いを込めて書きました。

マーケティングが上手な企業のやり方を真似して、あなたの会社を発展させていってください。

今回、そのお手伝いが少しでもできたなら、筆者としてこんなに嬉しいことはありません。

2023年2月　著者

【著者紹介】
おじま 優來（おじま ゆうき）

中小企業マーケティングコンサルタント
コピーライター
株式会社オン・プレーン 代表取締役

言葉の力を使って中小企業の集客、販売促進を支援するコピーライター兼マーケティングコンサルタント。

1976年生まれ。経営者の家系に育ち、大学卒業後に上場企業のカー用品店に入社。販売促進室の責任者として活躍。10年間、チラシ、ラジオ、テレビCM、DM、新聞、雑誌などあらゆるジャンルの広告媒体を経験し、コピーライティングの技術を身につける。

2010年に独立し、ネット通販会社代表に。１年目はまったく売れなかったが、改めて中小企業向けのマーケティングを勉強して改善。２年目には年商１億、３年目には年商４億まで成長させるなど、実践でマーケターとして活躍する。

しかし、東日本大震災で仕入れ不能の事態に陥り物販の危うさを感じ、2014年に過去の経験を活かした集客コピーライター兼マーケティングコンサルタントとしても活動を開始。さまざまな企業のコンサルティングに関わるほか、1.8億円を売り上げたコンサルタント養成講座、年間3000人集客の営業セミナーを主催するなど、結果を出し続けている。

毎月開催している私塾「マーケティングの寺子屋」は、受講者の70%が１年以上継続する人気講座。本書が初の著書。

▼株式会社オン・プレーン
https://www.on-plain.co.jp/company.htm

うまくいっている会社の非常識な儲け方

2023年 2月19日　　第1刷発行

著　者 ── おじま 優來
発行者 ── 徳留 慶太郎
発行所 ── 株式会社すばる舎
〒170-0013　東京都豊島区東池袋3-9-7東池袋織本ビル
TEL　03-3981-8651（代表）　03-3981-0767（営業部直通）
FAX　03-3981-8638
URL　https://www.subarusya.jp/

装　丁 ── 岩永香織（MOAI）
本文デザイン・DTP ── 株式会社シーエーシー
企画協力 ── 松尾昭仁（ネクストサービス株式会社）
編集担当 ── 菅沼真弘（すばる舎）
印　刷 ── 株式会社シナノ

ISBN978-4-7991-1104-8